本书由
中央高校建设世界一流大学（学科）
和特色发展引导专项资金
资助

中南财经政法大学"双一流"建设文库

中|国|经|济|发|展|系|列|

基于可持续增长的国有企业分红机制创新研究

杨汉明　著

中国财经出版传媒集团

经济科学出版社

Economic Science Press

图书在版编目（CIP）数据

基于可持续增长的国有企业分红机制创新研究/杨汉明著.
—北京：经济科学出版社，2020.6
（中南财经政法大学"双一流"建设文库）
ISBN 978 - 7 - 5218 - 1533 - 7

Ⅰ.①基… Ⅱ.①杨… Ⅲ.①国有企业 - 企业利润 -
分配（经济）- 研究 - 中国 Ⅳ.①F279.241

中国版本图书馆 CIP 数据核字（2020）第 073943 号

责任编辑：何　宁
责任校对：蒋子明
版式设计：陈宇琰
责任印制：李　鹏　范　艳

基于可持续增长的国有企业分红机制创新研究
杨汉明　著
经济科学出版社出版、发行　新华书店经销
社址：北京市海淀区阜成路甲 28 号　邮编：100142
总编部电话：010 - 88191217　发行部电话：010 - 88191522
网址：www. esp. com. cn
电子邮箱：esp@ esp. com. cn
天猫网店：经济科学出版社旗舰店
网址：http://jjkxcbs. tmall. com
北京密兴印刷有限公司印装
787 × 1092　16 开　13.25 印张　220000 字
2020 年 9 月第 1 版　2020 年 9 月第 1 次印刷
ISBN 978 - 7 - 5218 - 1533 - 7　定价：53.00 元
（图书出现印装问题，本社负责调换。电话：010 - 88191510）
（版权所有　侵权必究　打击盗版　举报热线：010 - 88191661
QQ：2242791300　营销中心电话：010 - 88191537
电子邮箱：dbts@ esp. com. cn）

总　序

　　"中南财经政法大学'双一流'建设文库"是中南财经政法大学组织出版的系列学术丛书，是学校"双一流"建设的特色项目和重要学术成果的展现。

　　中南财经政法大学源起于 1948 年以邓小平为第一书记的中共中央中原局在挺进中原、解放全中国的革命烽烟中创建的中原大学。1953 年，以中原大学财经学院、政法学院为基础，荟萃中南地区多所高等院校的财经、政法系科与学术精英，成立中南财经学院和中南政法学院。之后学校历经湖北大学、湖北财经专科学校、湖北财经学院、复建中南政法学院、中南财经大学的发展时期。2000 年 5 月 26 日，同根同源的中南财经大学与中南政法学院合并组建"中南财经政法大学"，成为一所财经、政法"强强联合"的人文社科类高校。2005 年，学校入选国家"211 工程"重点建设高校；2011 年，学校入选国家"985 工程优势学科创新平台"项目重点建设高校；2017 年，学校入选世界一流大学和一流学科（简称"双一流"）建设高校。70 年来，中南财经政法大学与新中国同呼吸、共命运，奋勇投身于中华民族从自强独立走向民主富强的复兴征程，参与缔造了新中国高等财经、政法教育从创立到繁荣的学科历史。

　　"板凳要坐十年冷，文章不写一句空"，作为一所传承红色基因的人文社科大学，中南财经政法大学将范文澜和潘梓年等前贤们坚守的马克思主义革命学风和严谨务实的学术品格内化为学术文化基因。学校继承优良学术传统，深入推进师德师风建设，改革完善人才引育机制，营造风清气正的学术氛围，为人才辈出提供良好的学术环境。入选"双一流"建设高校，是党和国家对学校 70 年办学历史、办学成就和办学特色的充分认可。"中南大"人不忘初心，牢记使命，以立德树人为根本，以"中国特色、世界一流"为核心，坚持内涵发展，"双一流"建设取得显著进步：学科体系不断健全，人才体系初步成型，师资队伍不断壮大，研究水平和创新能力不断提高，现代大学治理体系不断完善，国际交流合作优化升级，综合实力和核心竞争力显著提升，为在 2048 年建校百年时，实现主干学科跻身世界一流学科行列的发展愿景打下了坚实根基。

"当代中国正经历着我国历史上最为广泛而深刻的社会变革，也正在进行着人类历史上最为宏大而独特的实践创新"，"这是一个需要理论而且一定能够产生理论的时代，这是一个需要思想而且一定能够产生思想的时代"①。坚持和发展中国特色社会主义，统筹推进"五位一体"总体布局和协调推进"四个全面"战略布局，实现"两个一百年"奋斗目标、实现中华民族伟大复兴的中国梦，需要构建中国特色哲学社会科学体系。市场经济就是法治经济，法学和经济学是哲学社会科学的重要支撑学科，是新时代构建中国特色哲学社会科学体系的着力点、着重点。法学与经济学交叉融合成为哲学社会科学创新发展的重要动力，也为塑造中国学术自主性提供了重大机遇。学校坚持财经政法融通的办学定位和学科学术发展战略，"双一流"建设以来，以"法与经济学科群"为引领，以构建中国特色法学和经济学学科、学术、话语体系为己任，立足新时代中国特色社会主义伟大实践，发掘中国传统经济思想、法律文化智慧，提炼中国经济发展与法治实践经验，推动马克思主义法学和经济学中国化、现代化、国际化，产出了一批高质量的研究成果，"中南财经政法大学'双一流'建设文库"即为其中部分学术成果的展现。

文库首批遴选、出版二百余册专著，以区域发展、长江经济带、"一带一路"、创新治理、中国经济发展、贸易冲突、全球治理、数字经济、文化传承、生态文明等十个主题系列呈现，通过问题导向、概念共享，探寻中华文明生生不息的内在复杂性与合理性，阐释新时代中国经济、法治成就与自信，展望人类命运共同体构建过程中所呈现的新生态体系，为解决全球经济、法治问题提供创新性思路和方案，进一步促进财经政法融合发展、范式更新。本文库的著者有德高望重的学科开拓者、奠基人，有风华正茂的学术带头人和领军人物，亦有崭露头角的青年一代，老中青学者秉持家国情怀、述学立论、建言献策，彰显"中南大"经世济民的学术底蕴和薪火相传的人才体系。放眼未来、走向世界，我们以习近平新时代中国特色社会主义思想为指导，砥砺前行，凝心聚

---

① 习近平：《在哲学社会科学工作座谈会上的讲话》，2016 年 5 月 17 日。

力推进"双一流"加快建设、特色建设、高质量建设，开创"中南学派"，以中国理论、中国实践引领法学和经济学研究的国际前沿，为世界经济发展、法治建设做出卓越贡献。为此，我们将积极回应社会发展出现的新问题、新趋势，不断推出新的主题系列，以增强文库的开放性和丰富性。

"中南财经政法大学'双一流'建设文库"的出版工作是一个系统工程，它的推进得到相关学院和出版单位的鼎力支持，学者们精益求精、数易其稿，付出极大辛劳。在此，我们向所有作者以及参与编纂工作的同志们致以诚挚的谢意！

因时间所囿，不妥之处还恳请广大读者和同行包涵、指正！

中南财经政法大学校长

前　言

2006 年 3 月，《商务周刊》发表高路易（Louis Kuijs）、高伟彦（William Mako）和张春霖的论文《世界银行：国有企业为何不向政府分红》的文章后，财政部、国务院国有资产监督管理委员会相继出台了一系列规范国有企业分配行为的文件。

随着这些关于国有资本收益分配办法的制定，国有企业分红制度的建立问题引起国内学者的广泛关注和讨论，国有企业分红比例确定已成为我国国有企业改革热点研究问题之一。一些观点认为国有企业凭借其垄断地位获利，上缴比例还应大幅度增加，从而使政府增加公共卫生领域的投入，提高人民生活水平。而有些观点则认为现阶段国有资本收益收取比例不宜过高，应该"放水养鱼"。另外，强制性分红制度的实施虽然考虑到了政府以所有者身份依法取得国有资本收益的权利，为国有企业分红提供了重要的制度支撑，但是强制性分红制度可能干扰企业决策，使亏损或者微利的企业陷入更大困境。其实施是否真正有利于提升国有企业的价值呢？

国有企业是我国国民经济的重要支柱。资料显示，截至 2019 年底，国有企业税后净利润高达 26 318.4 亿元，同比增长 5.2%，其中中央企业税后净利润 16 539.9 亿元，同比增长 10.4%①。随着国有企业获利能力的增强，上市公司、国有企业分红再次引起社会各界的重视。国有企业该怎样分红？是否需要用制度来规范国有企业的分配行为？国有企业分配是否需要严格按照政府职能部门政策规定，采用统一的分配比例？需要考虑企业的可持续发展吗？

本书对这些问题进行了较全面的探讨，并取得了较好的结果。

第一章为绪论。本章界定了可持续发展、股利政策、企业价值与制度环境

---

① 资料来源：2019 年国企利润总额同比增长 4.7%［EB/OL］. http://www.xinhuanet.com/money/2020 - 01/22/c_1210448733.htm.

等概念及其计量的方式，为后面的研究奠定了基础。第二章为制度环境下的可持续增长与国有企业分红。本章从制度环境的角度研究国有企业分红的影响因素，分别从我国国有企业分红的制度环境、制度环境下的国有企业分红与企业价值、可持续增长下的国有企业分红机制和国有企业分红、可持续增长与公司业绩四方面探索我国国有企业分红面临的制度环境，在这一制度环境下国有企业分红和企业价值之间的关系，从可持续增长角度分析了我国国有企业分红机制和国有企业分红以及与公司业绩之间的关系。第三章为生命周期、终极人控制、政治关系与国有企业分红。本章从生命周期、终极人控制、政治关系的角度探索了这些因素对国有企业分红的影响。第四章为国有企业分红影响企业价值的机制研究，从国有企业分红是否能抑制企业相应代理成本、提升信息质量的角度来探讨国有企业分红对企业价值的影响机制。第五章为研究结论与建议。基于可持续增长角度，考虑企业所处的不同制度环境，提出了完善国有企业分红提升企业价值的政策建议。本书认为，在我国，面对国有企业的分红政策这一难题，应该结合不同行业、不同规模，根据企业差异增长率的不同状况，采取不同的股利政策。

　　本书由杨汉明、赵业虎、付博执笔，由杨汉明、赵鑫露修改、补充、总纂定稿。吴丹红、刘华、唐淼宁等为本书的写作与修改提供了宝贵的资料。本书的出版得到了中南财经政法大学"双一流"建设文库项目以及经济科学出版社孙丽丽、何宁同志的大力支持和帮助，在此致以衷心感谢！

　　面对股利政策这一公司财务的十大难题之一①，虽然作者花费了很多气力，并进行多次修改，但书中可能还存在诸多不足，敬请各位专家、学者批评指正！

杨汉明

2020 年 3 月

---

　　① 1992 年，布瑞利和梅耶斯（Brealey and Myers）等将股利政策列为公司财务的十大难题之一，并认为"公司现金的分配方式始终在变化发展。越来越多的公司不再派发股利，而股份回购的规模却在迅速增长……。我们需要更好地理解的不仅是公司如何确定其红利支付政策，还有红利政策是如何影响公司价值问题"。参见理查德·A. 布雷利、斯图尔特·C. 迈尔斯，方曙红，范龙振，陆宝群，等译. 公司财务原理 [M]. 北京：机械工业出版社，2004：322.

目　录

第一章　绪论

第一节　研究背景　　　　　　　　　　　　　　　　　2

第二节　研究意义　　　　　　　　　　　　　　　　　5

第三节　国内外研究现状　　　　　　　　　　　　　　6

第四节　国有企业分红现状分析　　　　　　　　　　　18

第五节　核心概念及相关理论　　　　　　　　　　　　43

第六节　研究内容　　　　　　　　　　　　　　　　　59

第七节　研究方法　　　　　　　　　　　　　　　　　60

第二章　制度环境下的可持续增长与国有企业分红

第一节　可持续增长背景下我国国有企业分红的制度环境分析　　62

第二节　制度环境下的国有企业分红与企业价值　　　　67

第三节　可持续增长下的国有企业分红机制　　　　　　80

第四节　国有企业分红、可持续增长与公司业绩　　　　89

第三章　生命周期、终极人控制、政治关系与国有企业分红

第一节　基于企业生命周期的国有企业分红　　　　　　98

第二节　可持续增长战略下的终极控制人与国有企业分红　　112

第三节　政治关系与国有企业分红　　　　　　　　　　119

第四章　国有企业分红影响企业价值的机制研究

第一节　国有企业分红、企业价值的理论分析　　　　　156

第二节　研究设计　　　　　　　　　　　　　　　　　161

第三节　研究结论　172

第五章　研究结论与建议

第一节　研究结论　176

第二节　基于可持续增长的国有企业分红建议　179

第三节　研究创新　189

第四节　研究不足　191

第五节　未来展望　191

参考文献　193

第一章
绪　论

基于可持续增长的国有企业分红机制创新研究

第一节 研究背景

国有企业的问题，是各级政府最关心的核心问题之一。

国有企业分红是指盈利的国有企业按照现代企业制度的规定向其股东中的国有股东支付红利的一种经济行为，其行为背后体现的是作为产权双方的企业和国有资产管理部门之间的经济利益关系。自从布莱克（1976）提出"股利之谜"后，上市公司的股利政策就"谜"住了众多的财务精英。而在中国，作为"谜中之谜"的国有企业分红问题，也越来越成为企业理论界和实务界关注的焦点问题之一。

我国近年来对于国有企业分红的讨论始于 2006 年 3 月 5 日《商务周刊》发表的高路易（Louis Kuijs）、高伟彦（William Mako）、张春霖的论文《世界银行：国有企业为何不向政府分红》。2007 年 12 月 11 日财政部正式发布《中央企业国有资本收益收取管理暂行办法》，2008 年国务院国有资产监督管理委员会开始试点。2007 年的国有资本经营预算这一举动结束了国有企业 13 年不向政府分红的历史，对国有企业及国计民生都起到了非常积极的作用，抑制了国有企业资金闲置、利用效率不高、过度投资的现象，并使财政收入增加，实现了全民拥有的企业为全民服务的宗旨。但国有企业分红的讨论并未结束。按照《中央企业国有资本收益收取管理暂行办法》规定，根据行业性质，一般竞争性中央企业应支付股息的 10%，资源竞争性中央企业应支付股息的 15%（自 2014 年起，中国烟草公司的股息为 25%），而军事科研中心企业应支付 5%，《中央企业国有资本收益收取管理暂行办法》上缴比例成为目前国有企业分红问题关注的热点。国有企业的资本性质属于全民所有，因此，国有企业产生的股息收入也应该属于全民所有。2015 年新发布的《中共中央、国务院关于深化国有企业改革的指导意见》明确指出：国有企业必须建立覆盖所有国有企业、分级管理的国有资本经营预算管理制度，提高国有资本回报公共财政的比重，2020 年提高至 30%，更多用于保障和改善民生。按照国际惯例，上市企业一般按照税后净利润的 30%～40% 向股东分配股息，而在西方发达国家，国有企业向国家支付的股息通常高于这个水平。例如，法国的国有企业支付的股息比例为 50%，丹麦，瑞典和其他国家的股息比例约为 60%，而英国收益更高的国有企业的股息比例约为 60%，它甚至可以达 70%～80%。诺贝尔经济学奖获得者米德（Mead）在关于国有企业概念的讨论中指出，建立国有企业的目的是建立和谐社会，使所有公民都能享受福利。因此，利用石油和电信等行业的国有企业的利润向普通民众分配红利，补贴普通民众的住房、医疗费用等，并将利润投入到改善民生与经济发展的领域中，这才体现了国有企业真正的价值。但是，在中国的国有企业中，普遍存在高利润、低股息的现象。国有企业的利润长期不支付或利润支付过低的现状，不仅导致了在职消费和企业过度投资的行为，而且在保持、加强国有企业的垄断地位的同时，造成一定的社会福利净损失。

随着上述各种关于国有资本收益分配办法的制定，国有企业分红制度的建立问题引起国内学者的广泛关注和讨论，国有企业分红比例确定已成为我国国有企业改革热点研究问题之一。大多数人认为国有企业凭借其垄断地位获利，上缴比例还应大幅度增加，从而使政府增加公共卫生领域的投入，提高人民生活水平。而有些人则认为现阶段国有资本收益收取比例不宜过高，应该"放水养鱼"。另外，强制性分红制度的实施虽然考虑到了政府以所有者身份依法取得国有资本收益的权利，为国有企业分红提供了重要的制度支撑，但是强制性分红制度可能干扰企业决策，使亏损或者微利的企业陷入更大困境。其实施是否真正有利于提升国有企业的价值呢？

古典经济学认为，在完美的市场中，资源可以通过市场机制进行配置。而在现实世界中，并不存在完美的市场，市场机制便会部分失灵。在这种情况下，政治关系作为一种非正式的机制便在一定程度上替代了市场机制，从而对资源配置和企业行为产生了重要影响。米勒和莫迪格利安尼（Miller and Modigliani，1961）基于完美资本市场、理性行为和完全确定 3 个假设，得出了"股利无关论"的结论。然而，一般来说，企业总是处于特定的制度环境当中，并倾向于趋利避害而适应其所处环境。目前，中国经济正处于转型期，各种宏观的经济政策以及各种经济、法律、金融制度构成了企业外在环境的重要组成部分，直接影响企业各种财务经营决策的制定，对于企业的生存发展以及竞争关系的形成至关重要。我国国有企业除了受到强制性分红制度的影响外，还受到企业所处环境的许多政策制度的影响，如市场化发展程度、企业所处环境的法律制度完善程度、金融业的发展等。因此，从制度角度研究中国上市公司股利政策很有必要。

国有企业分红就是国有企业的收益分配问题，国家如何参与国有企业收益（或利润）分配，一直是各国政府依赖所掌握的国有股权对国有企业实施管理和控制的重要形式，是各国国有企业管理的重要内容之一。国有企业的"国有"性质虽说在很大程度上决定了这类企业的经营特色，但从根本意义上讲，政府股东从国有企业中获取必要的利润分红是国有企业存在的重大使命之一。从现代财务理论的发展历史来看，人们对于公众持有的上市公司的股利支付政策给予了高度关注。

中国的国有企业与私营企业共同发展，在建立中国国内经济体系中发挥了重要作用。2019 年 1 月 16 日，国务院国有资产监督管理委员会发布的信息表明，2018 年国资监管系统企业累计实现营业收入 54.8 万亿元，同比增长 10.3%；实现利润总额 3.4 万亿元，同比增长 13.2%；实现净利润 2.4 万亿元，同比增长 12.1%[①]。国有企业的所有权属于国家，但是国家实际上不能直接运营和管理企业。所以，国有企业的经营管理是由专业的代理人来进行的，也就是说国有企业的控制权与所有权实质上是存在区别的。由于国有企业享有国家政策红利，因此其收入稳定增长，其大部分收入都由自己保留。企业内部的现金资源极其丰富，管理人员受到薪酬制度和绩效评估制度的影响，他们的决策往往会增加在职消费，并会扩大公司规模以实现更高的个人收益；这些行动导致代理成本增加，企业运营效率降低，以及社会总收益的损失。在现阶段，中国国有企业的整体分红表现还比较差。公司总资产的净利率长期波动在 2% 左右，总体收益水平很低。但是，国有企业在过去的 20 年里没有支付过股息或只支付了很少的一部分利润。目前，总体利润回笼率约为 10%，大部分利润都保留了下来。对于国有企业而言，其经济利益相对较低，丧失了作为企业所有者的国家利益，需要改变业绩不佳、股息率低的国有企业的现状。

---

① 周雷.2018 年央企收入利润增幅均实现两位数［N］.经济日报，2019 – 01 – 16。

第二节 研 究 意 义

一、理论意义

（一）推动股利政策理论发展

根据已有研究，国内外学者主要从客户效应理论、信号理论、代理成本理论、交易成本理论、股权结构理论、股利迎合理论、寿命周期理论、地理理论、人口学理论、财务柔性（弹性）理论、声誉理论和企业文化理论 12 个方面研究企业支付股利的动因及其与企业价值之间的关系。但没有一种理论能够合理地解释全世界上市公司的股利支付行为。本书的研究在一定程度上能够较好解释中国上市公司的股利政策与公司业绩或价值之间的关系，推动股利政策理论的发展。

（二）丰富可持续增长模型

希金斯（1998）和范霍恩（2000）提出了基于会计口径的可持续增长模型；拉巴波特（1980）和科雷（2003）提出了基于现金流量的可持续增长模型。前者使用方便但假设难以满足，后者接近实际但计算复杂，且二者均是基于美国企业的研究。本书验证的可持续增长计量方法可以完善我国企业可持续增长指标的计算。

二、实际意义

（一）有利于实施国家产业发展政策

胡锦涛在中共十七大报告中提出"加强能源资源节约和生态环境保护，增强可持续发展能力"；温家宝在 2009 年政府工作报告中指出"企业要加快产业升级和体制创新，培育新的经济增长点，形成参与国际合作竞争新优势，增强更高水平上的可持续发展能力"。习近平总书记所作的中共十九大报告强调，要完善各类国有资产管理体制，改革国有资本授权经营体制，加快国有经济布局优化、结构调整、战略性重组，促进国有资产保值增值，推动国有资本做强做优做大，有效防止国有资产流失。深化国有企业改革，发展混合所有制经济，培育具有全球竞争力的世界一流企业。这些体现了政府支持产业发展的政策。如何判断、把握恰当的发展速度，应该成为管理者们予以重视的问题。因此从财务角度研究公司的可持续增长，并提供一套行之有效的企业可持续增长管理模式已经迫在眉睫。

（二）完善国有企业分红机制

我国的经济体制中国有企业占的比例较大，对经济的贡献也较大，是我国经济的支柱和命脉。国有企业，特别是近年来国有企业的分红问题越来越受到理论界和实务界的广泛关注。世界银行高路易、高伟彦和张春霖（2006）的研究报告，引起了国内对国有企业收益分配问题的广泛讨论。2007 年 9 月，国务院发布《国务院关于试行国有资本经营预算的意见》（以下简称《意见》），这标志着国有企业不向国家分红的历史已经结束。如何正确地实施《意见》是理论和实务界面临的难题。本书认为，在可持续增长视角下研究国有企业分红问题，对我国国有企业的稳定健康发展和完善国有企业分红机制有重要意义。

第三节 国内外研究现状

一、国有企业股利政策

在西方，国有企业有许多不同的称谓，如"国营企业（state enterprise）""国家主办企业（state-sponsored enterprise）""政府企业（government enterprise）"等，

此外，还有"国有化企业（nationalized industries）""国有公司（state-owned company）"等不同名称。目前，较为一致的看法是经济合作与发展组织（OECD）对国有企业的定义：国有企业（state-owned enterprises，SOEs）是指"占有全部、多数所有权或重要的少数所有权由国家掌握控制权的企业"。国内学者伍伯麟和席春迎（1997）在列举了西方国家各种国有企业的概念后提出，理解国有企业的定义应注意把握其"自主性（autonomy）""所有性（ownership）""控制性（control）"和"市场性（marketed）"的差异，并认为这是理解西方国有企业"公共性"与"企业性"的关键。

国外许多企业通过长期发展，对于企业分红，积累了较为成熟的经验。由于分红涉及财务中三大核心领域之一收益分配决策，国外对于收益分配决策主要集中于研究两个基本问题：（1）股利政策的变化，对于上市公司的价值会产生何种影响，这是研究时必须关注的问题；（2）股利政策对于上述方面产生了一定的影响，如何较为准确地核定最佳的支付标准或支付水平，从而追求效益最大化，是研究的另一个主要问题。应该说，国外的这些较为成熟的研究成果，为本书研究我国的国有企业红利上缴问题打开了思路。由于国有企业在国外很少，代表性不强，西方学者直接研究国有企业股利政策的文献很少，研究股利、股票回购的影响因素及其关系的较多。朗和利兹伯格（Lang and Iizenberger，1989）通过对大量的实证进行比较、分析，通过抽丝剥茧，发现了市场与股利支付之间存在微妙的关系，正相关关系来自公司的自由现金流；而负相关关系来源于公司的投资机会，因为支付现金红利可以减少企业的自由现金流，进而抑制企业的过度投资行为。罗丝（Ross，1977）则另辟蹊径，从公司内部员工的角度来分析，如果提前获知增加股利发放的信息，就会对市场的反响起到暗示作用，从而使公众更加看好公司未来的预期发展。在罗丝（1977）看来，规模和负债相同的两家公司，如果财务现状差别较大，就会导致两种截然不同的结果。无论是财务状况良好，还是较差的公司，在提高股利分红的政策出台时，都有可能出现资金链的短缺而导致破产的风险，但是财务状况良好的公司肯定抗风险能力要强得多。还有如斯金纳（Skinner，2008）研究了盈利、股利和股票回购的演化关系。亨克·冯·艾杰和威廉·L.麦金森（Henk von Eije，William L. Megginson，2008）研究了1989～2005年欧盟15国股利与股票回购的问题。

国内方面，张立伟（2006）的研究认为，中国资本市场上流动性过剩，国家应采取国有企业分红等措施，抑制企业投资扩张，避免投资过热。首先，应通过国有企业分红进一步将中国盈利最好的通信、能源、金融等垄断型国有企业实施现代公司治理制度盘活现金流量。其次，通过国有企业分红抑制国有企业留存资金大规模进入股市，避免股市可能因此导致的资产泡沫。汪平（2008）以现代财务理论作为理论支撑，对于国有企业分红阐述了自己的观点，认为国有企业红利上缴制度的建立应以资本成本为基础，以最大化国家利润为目标，将国有企业分红作为强大国有资本、约束并促进国有企业长期可持续发展的一种有效工具。其观点是把国有企业分红和其他企业分红同等看待，那就是追求股东财富最大化，对于国有企业来说，国家或者政府，是国有企业的投资者，也是国有企业的话语人，政府按照国有企业的利润，划出了最低的分红比例，从而促进国有企业的稳定、快速发展。不断推进股东财富最大化目标的实现，是进行国有企业改革的一个重点内容，能够从很大程度上保障国有资本的不断发展壮大。同时，除了关乎国计民生的国有企业，其他国有企业均可参与竞争性行业，从而在政策许可的范围内，利用政府的行政干预职能，通过对于资本成本的合理调整，适当情况下给予合适的政策支持，实现国家对于国有企业的宏观经济调控，最终完成国家的经济发展战略。刘伟和蔡志洲（2007）认为，国有企业由国家投资，国家是理所当然的最大股东，也是最终获益的股东，国家应充分肯定国有企业在经济发展中的重要作用，要正视国有企业在社会主义经济建设中的突出贡献，应当也必须充分重视股东利益的最大化，并把此作为国有企业经营的基本方向和考核国有企业业绩的重要指标。国有企业的分红制度不完善，国家就不能对国有企业实行有效的考核。刘伟等认为公司的管理人员是导致资本市场中大股东侵占小股东利益的深层原因，国家作为国有企业的管理者和投资者得不到应有的利益，国有企业的利益受到企业管理层的支配，这就是国有企业分红制度不完善的后果。国有企业管理层掌握着过多的利润和资金，一把手负责制，使得他们在分割利益的时候，过多考虑国家或者企业高层利益，而且在使用利润方面，一般由他们说了算，往往不会考虑中小股东的意见，这样做的结果，很有可能损伤国家的利益，更不用说侵害中小股东的利益。近几年沸沸扬扬的中石化高层领导薪酬超高问题，就属于上述情况。汪立鑫和付青山（2009）提出政府应把社会福利最大化作为评定国有企业资产用于投资经营与用于社会福利事业比例的目标和重要参考指标，建议政府应把影响公共福利性支出结构的经济环境变量（收入分配差距等）引入政府目标函数中，从而得出国有企业资产用途的最佳方式，并且政府应该有意识地去引导国有企业重视经济环境变量的作用，以提高国有资产社会福利事业支付的比例。现阶段我国收入差距、公共财政支出、消费投资比例等还有待于进一步提升，加大国有企业资产在社会公共事业中的投资比重能够有效促进社会发展。李正强（2007）在参考国有企业发展水平的基础上，提出国家作为国有企业的股东之一，应该有利润分红，而且也可以得到一定程度的分红。国有企业具有公共性与全民性的特点，这就意味着国有企业应该为全民服务，国有资本应当全民化。魏明海和柳建华（2007）通过对国有上市公司的实证分析，认为在当前外部融资市场不发达的情况下，支付现金股利减少了企业内部可自由支配的现金流，从而制约了国有上市公司内部人利用内部可自由支配的现金从事过度投资的行为。陈燕和罗宏（2008）以2006年和2007年国有上市公司的股利分配数据为研究样本进行了相关的对比分析，结果表明国有上市公司的股利分配在暂行办法的引导下正在发生一系列积极的转变：不分配股利的公司数量在逐步减少，股利分配形式也进一步向现金股利分配集中，股利支付水平的绝对值有所提高，而且国有上市公司的平均股利支付率高于国有独资企业向中央政府缴纳净利润的比例。陈少晖等（2011）指出随着国有资本经营预算制度的试行，有必要将国有上市公司的分红收益纳入国有资本经营预算，以保持国有资产预算收支的完整性并破解中国式的"分红病"。应根据分级所有、量入为出、分类征收等原则，构建包括组织体系、预算编制、预算审核、预算评价和激励、预算监控等各个子系统在内的国有资本经营预算体系。汪平（2011）从价值管理角度出发探讨了国有企业分红制度，提出以资本成本为基础的利润分红比例的估算模型来确定国有企业利润分红比例。张雅菲（2014）选取2008~2013年国泰安数据库中国有股份持股比例大于50%以上的国有上市公司作为样本，以自由现金流量假说为理论基础设计回归模型，验证了国有企业过度投资的假设。研究指出，国有企业存在过度投资的问题，且过度投资现象与企业自由现金流量呈显著正相关，通过派发红利可显著抑制国有企业过度投资的现象，从而减少国有企业无效投资的数量。严金国（2015）指出，目前金融行业国有资本规模已近百万亿元，却尚未纳入国有资本经营预算范围，严重影响预算的完整性和有效性。将金融行业国有资本纳入预算，可大大提升预算支配资源的规模和能力，从而更好地支持和保障民生，统筹国有资本在实体经济与虚拟经济间的布局。谭啸（2015）指出，国有资本经营预算扩围势在必行，但要合理划分该预算与国有资本投资公司的职权范围，保持国有资产经营的宏观有效性和微观灵活性，不应过多的向下深入到生产企业。艾贞言（2016）认为国有企业分红侧重民生领域是建设和谐社会的应有之义，在具体操作层面，应加强国有资本经营预算审计监督、信息披露、绩效评价等方面的工作，保障民生领域相关支出确实到位。

二、可持续发展与股利政策

公司永远需要股利政策，良好的股利政策对于树立企业形象、增强投资者对企业的信任度均有很大帮助。更进一步，会对企业的股票市场价格和企业价值产生深远的影响。然而长久以来，中国上市公司现金股利发放率低，并且缺乏稳定性和持续性的问题广受社会各界诟病。国有企业分红是股利政策在我国国有企业中的表现形式。OECD（2014）认为，"在国有企业的目标设置上应充分考虑国家股东、公共服务，甚至就业保障之间的平衡"。因此，在制定国有企业的股利政策时，既要考虑国家股东的利益，也要考虑企业的可持续发展。所谓企业可持续增长就是指企业在追求长久发展的过程中，既要考虑经营目标的实现和市场地位的提高，又要保持企业在未来发展过程中始终保持持续的盈利增长和能力的提高，保证企业在相当长的时间内可以永续发展下去。企业的可持续增长一直是企业非常重要的财务战略，是企业维持生存发展最关键的问题。希金斯和范霍恩基于会计口径分别提出了财务的可持续增长模型，拉巴波特和科雷基于现金流口径也相继提出了财务的可持续增长模型，而在（希金斯、范霍恩、拉巴波特和科雷）的这四个模型中，可持续增长均与财务分配政策联系在一起，可见，二者间存在一定的关联。

具体来说公司在制定股利政策时，必须充分考虑股利政策的各种影响因素，从保护股东、公司本身和债权人的利益出发，才能使公司的收益分配合理化。从内部因素来看影响股利政策的主要有投资机会、偿债能力、变现能力、资本成本、投资者结构和股东对股利分配的态度等因素。从外部因素来看，主要有宏观经济环境、通货膨胀、市场的成熟程度等因素。当前也有大量的学者从可持续增长的角度探索了国有企业分红的影响因素。

陈文浩和朱吉琪（2004）研究表明：增发新股对企业当年的可持续增长力有显著的正面影响，但是对企业未来的可持续增长却是负面的影响。上市企业未来的可持续增长主要还是由通过增发新股、投资项目资产报酬率的高低以及公司的财务政策来决定。考虑到企业的生命周期理论，他们认为在公司没有更好的投资机会的时候，把钱分配给股东，让股东自己决定再投资。所以处于创业期和成长期的公司可以把利润留在企业中使可持续增长率得到增加，而处于成熟期和衰退期的公司在没有找到新的利润增长点的时候更多的是发放股利，因为此时公司并不需要太高的可持续增长率来支撑公司的平稳发展。李冠众（2005）对我国派现上市公司的可持续增长问题进行了实证检验，认为我国派现行为与可持续增长因素有较低的相关性。我国上市公司在未来增长速度较快、内部资金比较紧张的状况下仍然坚持分派股利甚至高派现，这说明上市公司派发股利行为与可持续增长存在较低的相关性，也同时反映出我国上市公司财务决策、控制水平普遍偏低的状况。高秋玲和宋献中（2006）通过对股利分配影响因素进行实证分析，检验了公司可持续增长管理对股利分配的影响作用，结论是资源紧张的情况下公司现金股利支付水平比在资源闲置的情况下要高，这一结果与可持续增长管理理论存在差异。他们将此差异产生的原因归结于我国企业过度依赖负债或权益筹资的现象和管理层——股东的代理成本问题。林钟高（2007）认为实现企业的可持续发展，需要建立可持续财务循环（包括筹资、投资、分配三个方面）观念。企业的利润分配战略以低正常股利加额外股利政策为好，分配形式应根据企业的自由现金流量及企业的投资机会来选择。曹玉珊（2008）通过对我国上市公司的实证研究，探寻我国可持续发展的影响因素。文章指出可持续增长效率的实现与否一定程度上是源自管理层对营运、投资、筹资和分配四大基本财务战略的运用，而不完全是来自外界的"外生变量"。销售净利率和权益乘数的变化是主要源泉，而总资产周转率、留存比率的变化和新股发行是次要因素或者不重要因素。倪效聘（2010）认为上市公司保持一种连续稳定可持续发展的股利政策，有利于树立良好的企业形象，也有利于增强投资者的信心。夏载铭和张亮子（2011）指出股利政策是公司的三大财务政策之一，对于企业的可持续发展具有重要意义；制定一个合理的股利政策成为企业保持可持续增长率的一种重要策略。安明（2011）检验了公司股利政策对可持续性增长实现程度的影响，结果发现：（1）送股比越大，其可持续增长越容易实现，这一效应对于差异增长率小于零的公司表现的更明显；（2）公积金是否转增股本与转增的多少对可持续增长的实现无显著作用；（3）派息越多，可持续增长越容易实现，这一效应对于差异增长率小于零的公司表现得更明显。汪平（2008）认为我国国有企业分红制度中应把可持续发展能力作为最重要的因素。杨汉明（2009）实证分析了可持续增长与国有企业分红以及可持续增长、国有企业分红与企业业绩的相关关系。实证研究表明，股利支付率与可持续增长正相关但不显著，国有企业业绩与可持续增长率、股利支付率指标之间显著正相关。这表明了国有企业业绩的提升与合理的股利政策和可持续增长率有关，这为国有企业分红提供了一些经验上的证据。张永欣和马广烁（2013）认为如果企业能根据自身所处的生命周期采取不同的现金股利政策，将有助于企业的可持续成长。卢雁影、赵双和王芳（2014）研究发现大部分国有企业并不具有充足的自由现金流来支付现金股利，这种情况在国有企业不同的生命周期中表现不尽相同，当国有企业处于成熟期时，其可持续增长率与现金股利呈现显著负相关的关系。

三、股利政策与企业价值

这类研究主要集中在国外的"在手之鸟"理论、MM 股利无关论、税差理论、客户效应理论和信号理论等经典理论方面。威廉姆斯（Williams，1938）、林特纳（Lintner，1956）、华特（Walter，1956）和戈登（Gordon，1959）在一系列假设的基础上，证明了股利政策和企业的价值密切相关，支付的股利越高，公司的价值也越大。米勒和莫迪格利安尼（Miller and Modiliani，1961）在《商业杂志》上发表的《股利政策、成长和股票价值》一文中全面阐述了，在严格的假设条件下，股利政策与企业价值不存在相关关系，即股利政策的好坏不会对企业的价值和股票价值产生影响。布伦南（Brennan，1970）通过创建一个股票评估模型，将法尔阿和赛尔文的研究扩展到一般均衡情况，证明了股利额较高的股票比股利额较低的股票需要更高的税前收益，公司最好的股利政策就是根本不发放股利。布莱克和斯格尔斯（Black and Scholes，1974）在"The Effect of Dividend Yield and Dividend Policy on Common Stock Prices and Return"一文中将投资者分为三类：股利偏好型、股利厌恶型和股利中立型，认为每一个企业都会吸引一批偏好该公司股利支付水平的投资者。古格勒和尤托格鲁（Gugler and Yurtoglu，2004）利用德国市场中的数据，研究发现，企业发放股利会减少公司中实际可以控制的资金量，从而对企业价值的提升具有一定的作用。陈等（Chen et al.，2005）利用我国香港地区的数据对其进行了验证并得出一致结论，股利的发放主要是控制了管理层可操控的现金流，避免了过度投资行为，提升了企业价值。穆罕默德和扎卡里亚（Mohamed and Zakaria，2010）选择的样本是首次发放现金股利的上市公司或者是对公司实施的股利政策进行调整的公司，研究发现上市公司首次发放股利有助于股价的提升，股利政策调整，股价也会随之发生变动，即上市公司不希望因为股利政策的调整，给股价造成大幅的波动。诺哈雅蒂和沙泽里纳（Norhayati and Shazelina，2010）通过选取美国上市公司的数据，将首次进行股利发放的公司作为研究对象，重点分析发放股利对于企业价值的影响，发现企业支付股利会对企业价值产生较为正面的影响。

国内学者方面，研究主要集中在：股利支付与企业价值正相关、负相关还是无显著关系这三方面。如杨汉明（2008）分析了我国特有的股权结构下二者之间的关系。研究结果表明，现金股利支付率与企业价值负相关、与管理层持股比例负相关。而龚光明和龙立（2009）选取2001~2005年的A股市场的样本数据进行实证分析后发现：高现金股利有利于企业价值的提升，而股票股利的发放对促进企业价值提升的作用不明显。同时还发现，股利稳定性本身对企业价值并没有显著的影响，而影响企业价值的关键在于保持稳定股利的同时派现金额的高低。张培培（2009）研究股利政策对企业价值的影响时选择了电信运营行业作为样本，发现企业支付股利在一定程度上可以提高企业价值。赵春光和于东智（2000）通过研究发放现金股利的稳定性对企业价值的影响，发现公司支付现金股利可以对公司的价值造成积极的影响，并且制定的股利支付率越高也越有利于公司价值的提升。如果公司实行的股利政策比较稳定会对企业价值的提升有较为积极的影响，所以应该在股利发放的过程中保持其基本的稳定性。黄永娴（2012）对佛山照明股份有限公司进行实例分析，发现从企业可持续增长、企业价值最大化的角度出发，企业的股利政策应该一方面既要考虑当前股利，另一方面又要考虑企业未来增长对资金的需求，还要结合企业所处的生命周期。企业应该针对其各自不同的增长需求，采取不同的股利政策。然而也有部分学者研究表明，股利支付并不影响企业的价值，何涛和陈晓（2002）以我国上市公司的数据作为研究样本，采用逐步回归分析的方法，在控制了企业盈余、审计意见、规模等因素的影响后，对现金股利所产生的市场反应进行实证分析，研究发现投资者更关注企业在未来阶段的盈利能力而不是当前的股利分配政策，所以对于投资者来说股利发放的多少不是其筛选投资的指标，因此也就不会对企业价值造成影响。

四、政治关系与现金股利政策

政治关系对企业行为的影响大体可以分为对融资约束的影响和对公司业绩的影响两大类。法乔等（Faccio et al.，2006）研究认为：存在政治关系的企业当年和两年之后的财务状况和公司业绩普遍低于不存在政治关系的企业。伯特兰等（Bertrand et al.，2007）以法国企业为研究样本，研究表明：存在政治关系的公司由于需要支付给员工更高的薪酬，反而降低了公司业绩。樊、王和张（Fan，Wong and Zhang，2007）的研究显示：存在政治关系的企业中，公开上市3年之后的股东回报率、销售净利率、净利润增长率、主营业务收入增长率等重要指标都显著低于没有政治关系的企业。杰菲和罗素（Jaffee and Russell，1976）、斯蒂格里兹和温斯（Stiglitz and Weiss，1981）提出，金融市场的信息不对称和代理冲突，会导致公司的外部融资受到信贷配给不足的约束，与没有政治关联的公司相比，具有政治关联的公司更容易得到政府补贴或获得政府拨款等，银行等金融机构也更愿意为这些公司提供外部融资，从而比没有政治关联的公司更具有竞争优势，受到的融资约束程度更低。为了传递公司盈利预期，具有政治关联的地方国有企业和民营公司会选择派发更高的现金股利（Su et al.，2014）。

国内学者方面，杨汉明等（2009）的研究表明：政治关系的存在会对现金股利支付水平造成一定的影响，且这种影响与企业所处的外部治理环境和企业自身的可持续增长水平有关。杨汉明等（2010）以2004～2005年民营上市公司为样本，以融资约束与公司业绩为研究路径，实证研究表明：政治关系只有在外部治理环境差的地区，才会对现金股利支付水平产生影响。杨汉明等（2011）

以 2006～2007 年的国有上市公司为样本，实证研究表明：政治关系的存在会对可持续增长能力与现金股利支付水平的敏感程度产生影响，进而说明政治关系会结合可持续增长策略共同对现金股利政策产生影响。于蔚（2012）指出，政府对金融资源的配置仍存在过度干预行为，使其带有强烈的政策偏向性，而政治关联可引导这种偏向性，使得政治关联公司的融资门槛及融资成本均显著降低。当公司面临的融资约束程度较低时，现金股利分配意愿越强，股利分配水平也越高（徐寿福，2016）。刘金星（2013）以上海和深圳证券交易所上市的民营公司为样本，对终极控制股东的政治关联影响现金股利进行了实证研究。结果发现，拥有政治关联的终极控制股东能够显著提高现金股利的支付意愿，现金股利的支付意愿与政治关联的层级显著正相关，但对公司股利支付率没有显著影响。

五、其他方面

罗泽夫（Rozeff，1982）、伊斯特布鲁克（Easterbrook，1984）、詹森（Jensen，1986）、拉波特等（La Port et al.，2000）认为，在所有权与经营权相分离的大型股份公司里，代理成本可以用来解释代理人为什么要用现金股利支付方式作为公司价值最大化的策略。哈里·迪安格罗、琳达·迪安格罗和勒内·姆·斯图尔茨（Harry DeAngelo，Linda DeAngelo and René M. Stulz，2006）用寿命周期理论解释了美国的上市公司为什么要发放股利。从政治关系角度，姜跃龙（2008）研究表明具有政府背景的高管继任之后，企业价值显著高于没有政府背景的高管继任的企业价值，政治关联具有降低会计信息质量、企业价值和增加无效雇佣的负面作用。潘红波和余明桂（2010）提出政治关联的代理观点，并研究发现政治关联对控股股东的资金占有有正的影响，对企业掠夺性关联交易宣告期间的市场反应有负的影响，并且效应随着企业所在地法律保护水平的降低而增强。杜楠楠（2011）发现董事长或总经理的政治关联对企业现金股利有侵蚀作用，并在非国有控股企业中表现明显，第一大股东和机构持股比例很好地制衡了政治关联对企业现金股利的侵蚀作用。终极人控制方面，王化成（2007）从最终控制人的概念出发，以控股股东的经济性质、所有权与控制权的分离度以及集团控制性质作为控股股东的特征变量进行实证研究，发现控股股东的上述三个特征显著地影响了上市公司的现金股利分配倾向和分配力度，国家控股上市公司的分配倾向和分配力度显著低于民营控股上市公司。王毅辉和李常青（2010）实证结果表明，终极产权性质及其对应的控制权结构是目前影响我国上市公司股利政策制定的主要因素，尤其是终极控制人的投票权和现金流量权比例，对股利支付的可能性和水平均有显著正向影响。白旻（2012）研究结果表明：终极控制人的控制权与现金流权偏离度越大，上市公司进行现金分配的意愿和支付力度都呈明显减弱趋势，这种利用控制权谋取私利的行为在民营企业中表现得尤为明显；而随着市场化进程的提高，终极控制人利用现金股利分配侵占其他中小股东利益的隧道行为有所收敛。王敏和李瑕（2012）研究认为控制权、现金流权与现金股利支付倾向及支付力度显著正相关；两权分离度与现金股利支付力度显著负相关；金字塔结构较复杂、终极控制人具有集团性质时，现金股利支付倾向与支付力度较低；现金股利支付倾向受终极控制人产权性质影响。陈杰、梁霍翁和马克·戈尔根（Jie Chen, Woon Sau Leung and Marc Goergen, 2017）的文章研究了是否女性独立董事会支付更高的股利。文章找到了证据：公司董事会中女性董事比例越高公司支付的股利越多。在改变股利支付、女性董事的计量方式时，结论也是稳定的。文章采用倾向得分匹配、工具变量法、差分方法处理内生性问题，董事会的性别构成与股利正相关的关系仍然成立。此外，文章发现，仅当公司治理较弱时，董事会的性别构成显著增加股利支付，意味着女性董事将股利支付作为公司治理的策略。查梅因·格莱格、奥尼尔·哈里斯和唐戈（Charmaine Glegg, Oneil Harris and Thanh Ngo, 2017）的文章检验了公司社会责任是否影响股票价格对股利增加宣告的反应并改变其随后的绩效。文章发现，股利增加的公司有较低的社会责任得分，引起较高的异常宣告报酬和更好地改进了行业调整的经营业绩。这些发现支撑了文献的观点，相比其他公司，社会责任越透明的公司会承担更高的伦理标准，意味着它们遭受较少的代理问题和信息问题。因此，股利支付越多的公司减少代理成本导致社会责任承诺越少，因而给股东带来更多的财富。赫雅文和李曹凯文（Wen Hea and Chao Kevin Li, 2018）的文章检验了世界上第一个在上海证券交易所实行的"遵守或解释"股利规定的影响，这个规则要求公司要么至少将利润的30%作为股利支付，要么解释资金的用途。文章发现很多公司通过增加股利或减少盈利的方式增加了股利支付率以遵守该规定。盈利高、国有资本控股、代理冲突少的企业更可能遵守该规定。然而，遵守规定的公司随后发行更多的债务，会计绩效和企业价值下降。证据显示，"遵守或解释"规则增加公司股利的代价是高昂的。杰尼斯·伯津斯、博格丹·斯泰塞斯库等（Janis Berzins, Bogdan Stacescu et al.，2109）发现，大股东和小股东之间潜在的冲突会强烈影响股息对税收的反应。当控股股东持股比例较低时，获取私人利益的动机就会更强，股东冲突可以通过派息得到缓解。他们研究了挪威一个巨大而干净的监管冲击，将所有个人的股息税率从 0 提高至 28%。文章发现，股息下降得越少，潜在的股东冲突就越大，这表明股利政策权衡了税收和代理方面的考虑。当潜在冲突较低时，平均支付率下降 30 个百分点；但当潜在冲突较高时，平均支付率仅下降 18 个百分点。这些较低的股息不能用股东更高的薪酬或多样化的流动性需求来解释。他们还观察到，通过免税控股公司，高冲突公司的间接所有权大幅增加，并对公司间股息税提出了政策建议。强国令（2016）基于非正式制度安排的声誉机制视角，分析了中国证券市场股利支付的板块倒置现象及内在机理。研究发现，成长性较高的公司出于未来再融资的需要，通过现金分红建立良好的声誉。经验证据表明，中小板和创业板市场的现金股利支付力度均高于主板市场，而且，中小板和创业板上市公司成长性越高，现金股利支付力度越大。此外，中小板和创业板上市公司通过股票股利传递未来发展信息。该文为声誉机制在投资者保护弱化国家中的股利分配提供了经验证据，也为监管层改善和提高上市公司股利支付提供了政策依据。魏志华、李常青、吴育辉和黄佳佳（2017）实证检验了中国独特的半强制分红政策对有再融资动机的上市公司分红行为的影响，并进一步考察了半强制分红政策背景下股利代理理论和信号理论这两种经典股利理论的解释力。研究发现：（1）半强制分红政策显著提高了有再融资动机的上市公司的派现意愿和派现水平；（2）上市公司派现可以有效降低两类代理成本，而现金股利变动（尤其是现金股利增加）则可以有效传递公司未来盈利变动的信号；（3）相比而言，有再融资动机的上市公司通过派现降低两类代理成本、发送股利信号的作用显著更弱。可见，虽然股利代理理论和信号理论总体上能够解释中国上市公司分红行为，但在半强制分红政策背景下，有再融资动机的上市公司分红行为受到了明显干预，这使得两种经典股利理论的解释力有所削弱。王国俊、王跃堂、韩雪和钱晓东（2017）认为，为进一步规范上市公司分红，中国证监会颁布了差异化现金分红监管指引，将现金分红监管的最低比例与企业成长性、重大投资安排挂钩。这一外生的制度变化，为研究政府监管与企业分红的关系提供了契机。文章研究发现，现金分红监管新政，对于公司现金分红支付率、股息率与成长性和重大投资安排之间的敏感性，有显著的促进作用；对于公司派现意愿与成长性之间的敏感性有显著的促进作用，但是对公司派现意愿与重大投资安排之间的敏感性无显著的影响。公司治理水平越高，上市公司执行现金分红监管新政的效果越明显。该文的研究结论说明，现金分红监管新政对完善我国资本市场分红机制发挥了预期作用，但具体实施效果因公司治理水平高低而异。

上述文献在各自的领域，采用实证研究方法探讨了现金股利政策的影响因素和结果，这些理论和方法为本书的研究奠定了基础。但由于以美国为代表的西方国家，国有企业占比低，以国有企业为样本的文献很少，国内学者从国有企业股东性质、股权结构、可持续增长等方面进行了研究，但从分红制度方面探讨国有企业分红问题的文献比较少见。本书从制度角度探讨国有企业分红与可持续增长、国有企业分红、可持续增长与企业价值关系问题，其研究结论有利于国有企业股利政策制度的完善。

第四节　国有企业分红现状分析

一、西方发达国家国有企业分红政策分析

国有企业的股利分配行为在所有国家都很普遍。这是一种宏观调控的手段，尤其是在西方国家，它们非常重视这方面的发展。在这方面，西方也领先于发展中国家。西方国家国有企业分红机制与系统非常完善，其中有许多我们国家国有企业需要学习的地方。因此，有必要比较国内外国有企业分红的基本情况，促进

互相学习。如今，我国各项改革正在逐步深化，特别是国有企业改革已发展到"瓶颈"阶段。因此，国有企业的股利分配问题显得尤为关键。为了给我国国有企业的改革和股利分配提供一些有价值的经验，本书选取了国外有代表性的国家，对其国有企业的股利分配进行了比较分析，希望从中吸取一些有价值的教训与经验。

（一） 西方各国国有企业分红制度

（1）美国：国有资产的出租与承包经营制。美国国有企业的创办和发展一直受到政府的严格控制。国会有权决定国有企业的建立、撤销或企业内部管理体制的改革，凡有关国有资产管理的各种议案均须得到国会的审议后方能实施。美国政府将公共事业机构的职能转让给私人企业，是其国有企业改革的一项重要内容，其实质是在总体控制的前提下，在经营上尽可能地采取灵活的措施，如出租经营和项目承包等。对于出租经营方式的国有企业，在出租的几年内，承租方要向国家定期缴纳租费。租费一般由折旧费和部分利润构成。在特别情况下，国家只向承租人收取一部分利润，而不收取折旧费，以补偿国有企业的部分不动产和设备的损耗。

美国法律规定政府公司不纳税，不缴利润，还可以接受国会拨款，促进自我发展。国有企业利用这些资金自我发展，投资新的项目，投资公益事业。但由于美国预算赤字较大，每年政府公司采取自愿办法向所在地州政府交一部分钱，用于政府开支。由于美国法律特殊性，在美国不少州可以利用其公有资产的收益进行直接分红。其中最有特色的是以美国阿拉斯加州为代表的，以独立的政府持股基金为中心的社会分红管理模式（张涛和曲宁，2010）。1976 年美国阿拉斯加宪法修正案明确规定：本州内至少 25% 的全部矿产资源租金、矿区使用费、矿区出让收益、联邦矿产收入分成以及州级红利应设立为永久基金。这种永久基金以公共信托基金的形式存在，分为本金和利息，其中本金用于投资，而收益则用于向公民分红。从 1982 年起，阿拉斯加州政府连续多年向在该州居住 6 个月以上的公民发放红利，这使一大部分阿拉斯加人尤其是农村家庭的收入增加超过了 10%。

（2）英国：以国家为核心的监督体制。英国的国有企业的监督管理包括议会的法律监督、政府的宏观调控以及企业内部的经营管理。英国国有企业的最高管理机构是英国议会，其国有企业资产的管理和处置都是由议会通过立法来决定的。议会直接代表公民，可以通过立法来确定国有企业的经营范围以及市场准入、销售领域等。议会可以随时审查其运行状况，并可做出相应重大决策，包括撤销、兼并国有企业等。英国是中央和地方两级预算体制，而国有企业分红则纳入了财政预算体系，其利润分配由议会决定，一般企业无论是盈利或者亏损，都作为国有企业红利，直接上缴国库（卢铮，2007）。此外，在对国有企业利润分红制度的控制上，英国财政部通过发布"绿皮书""白皮书"，控制国有企业的投资方式，限定纳入国家财政预算的国有企业外部融资额度，优化投资方向，使盈利较好的国有企业上缴红利。

（3）意大利：国家参与制。意大利国有企业是通过多角化经营逐步扩张的，并且是国有企业实行国家参与制。1956 年 12 月，意大利政府颁布了 1589 号法令，在政府内阁之下设立国家参与部（1993 年撤销），统一管理全国各行各业的国有企业。政府主管部门通过设置大型控股公司来实现对企业的控制，其结构就像金字塔，位于塔尖的是政府部门，中间是大型控股公司和二级持股公司，位于塔底的则是众多的基层企业。

根据意大利国家参与制的制度框架，国有企业的利润分配按以下原则进行：一是国家参与制企业每年盈利的 20% 留归企业作为储备金，15% 作为科研开发特别基金，其余 65% 上缴国库部。二是在必要时，国库部从国有企业上缴款中拨付部分款项用于弥补国家参与制企业偶然年份的亏损。三是如果企业亏损超过了储备金，经批准可用特别基金来弥补。例如，伊里公司上缴国库的利润主要用于冲销国家向该公司提供的创业资本和各种补贴。如果国家提供的创业资本和各种补贴已全部冲销，那么这部分利润可留作特别基金。

（4）瑞典：分权管理模式。瑞典的国有企业一般采用分权管理的模式，主要集中在中央政府一级，通过政府各个部门实行控股管理。除此之外，还有省政府、市政府、私人以及外国和各类基金会的股份。瑞典的国有企业一般实行股份制，其红利的分配由公司的董事会决议，而瑞典政府主要是作为股东，行使出资人职责，要求企业实现股东价值最大化。瑞典国有企业的红利对政府来说意义重大，构成了中央财政预算的基本来源，因此其比例相对较高。例如，铁路业和电力业公司的利润分红通常为净利润的 1/3，甚至有时候企业还需要支付特殊红利（夏炳军，2007）。据国务院国有资产监督管理委员会网站各国国有企业的统计资料显示，瑞典政府拥有全资企业 43 家，控股和参股企业 14 家，一共 57 家，可以分为完全市场竞争企业和社会公共服务企业两类。其中完全竞争企业的利润占大多数，其分红是政府财政预算的主要来源。瑞典国家政策和法律规定，包括国有企业在内的所有企业在经营过程当中必须充分考虑环保、公平、责任等社会问题。

（5）法国：计划合同制。法国政府和国有企业的关系为股份持有者和企业经营的法律关系，在法国国有企业中，国家控股一般只限于控制总公司和母公司的股份，不控制子公司和分公司的股份，控股的数额也不同。政府主管部门作为国家的代表，行使国家的所有权，其管理的突出特点是实行分类管理和计划合同制。

在法国，预算体系分为中央预算、地方预算和国家社会预算。法国的中央预算由一般预算、附属预算和国库特别账户构成。一般预算是中央预算的主体部分，其收入主要来自税收，其他为国有企业利润分红和国外收入等。国有企业在按税法规定缴纳增值税外，如有盈利则必须上缴所得税。税后利润的分配原则一般是：股东分红占企业净利润的 10% 左右，国有资本的红利上缴国库，分红后的剩余利润全部留归企业支配，其中大部分（60%～70%）用作后备基金和发展基金，主要用于再投资和弥补亏损，其余用于职工的奖励和福利。此外，凡涉及中央一级国有企业的投资计划、资本变动、股权安排、发行债券和股票的重大计划，都要报请其财产隶属关系所在的经济财政部决策，重大事项还要由内阁会议决定。

（6）新加坡：淡马锡放权模式。淡马锡公司成立于 1974 年，它的成立整合了新加坡航空、传媒、电信、金融等行业领域的龙头企业，其中不乏如星展银行等世界知名的企业。淡马锡公司凭借自身在规模、产业链和产业话语权方面的绝对优势，日益发展成为新加坡国有企业的总管家和代名词，其所持有的公司股票市值一度占到海峡时报指数权重的 50% 以上。

为了从体制上为淡马锡公司"走出去"开路，新加坡政府将淡马锡公司由金控集团升级为主权基金，财政部只负责考核其投资收益。淡马锡公司转而以私人名义注册，实质上代表了新加坡国家主权。鉴于政府缺乏在世界范围内经营国有资本的专业经验和能力，新加坡政府进一步将国有资本经营权完全下放到淡马锡公司，淡马锡公司具有完全的投资决策自主权，淡马锡公司面临的监管和约束只有财政部的业绩考核和新加坡法律。在国有企业利润上缴方面，新加坡政府倾向于提高淡马锡公司上缴利润的水平，作为减少行政监管的替代方式，从而在"轻监管"的前提下保障国有资本的收益权。淡马锡公司作为其下属企业向国家上缴利润的中枢，起着主导和决定作用。具体做法是，淡马锡公司根据新加坡财政部的考核要求制定年度利润上缴的总体目标，但对于下属企业淡马锡公司没有根据上缴的总体目标采取"一刀切"的模式，而是综合考虑下属企业现金流、盈利和未来投资需求等因素，通过董事会等公司治理机制影响下属企业利润分配决策，达成利润上缴的总体目标。通过以上方式，淡马锡公司保证了较高水平的国有企业利润上缴。近年来，通过淡马锡公司上缴国有企业利润大约占到新加坡国有企业总利润的70%。

（二）西方发达国家国有企业分红政策启示

（1）公共性国有企业应由财政负责监管，相关收支应纳入公共预算管理。中国国有企业广泛分布于公共领域和竞争性领域，但针对两类国有企业的监管和预算管理却是统一的，即由各级政府国有资产监管部门进行监管，国有企业资本收支纳入国有资本经营预算管理。这种做法模糊了不同类型国有企业"公共性"和"营利性"之间的界限，不利于相关监管和预算管理实践的完善，也不利于两类国有企业功能的发挥和健康发展。为解决上述问题，我国应借鉴英美模式，将公共性较为突出的公共事业和基础设施建设类国有企业，以及关系国家安全和国家机密的军工科研国有企业分离出来，转由公共财政进行监管，相关企业收支应纳入公共预算管理。在具体的监管制度设计和预算科目设置方面，英美模式已经有较为成熟的做法，可为我国提供有益的参考。

（2）建立"三层国有资本经营体制"，推动政资分开、政企分开。借鉴意大利模式，建立三层国有资产经营体制，顶层是国有资产监管部门，代表国家履行出资人职责，负责国有经济政策和发展规划的制定；中间层是国有资本投资运营公司，负责按照国有资产监管部门政策导向，兼顾国有资本保值增值，安排相关资本支出，收缴国有企业利润等国有资本收益，履行从中观行业层面经营国有资本的职能；底层是生产企业，在控股集团利润和绩效指标考核的压力下，致力于进行高效的生产和利润最大化。这种模式从体制上将宏观政府监管、中观国有资产经营和微观国有企业生产分离开来，有利于真正实现政资分开和政企分开。需特别指出的是，在建立三层国有资本经营体制，以专门的国有资产监管机构主导国有资产经营和国有企业利润上缴时，需注重发挥财政预算的制衡和监督作用，更利于国有资本经营预算的完善，理顺国有企业利润上缴财政的分配关系，这点可主要参考英美两国的做法。

（3）在政资、政企分开的前提下，理顺国有资产监管部门动机，推动国有企业利润上缴制度的完善。在政资、政企分开的前提下，国有资产监管部门无法直接干预国有企业经营管理，无法直接调用国有企业掌控的经济资源。此时，国有资产监管机构无法从国有企业留存利润中直接获益，这就消除了国有资产监管部门支持国有企业截留利润的动机。国有资产监管机构只能从国有资本增值和国有企业利润上缴中获益，利益获取方式的改变会带来监管动机和监管内容的转变，国有资产监管部门会专注于国有资本经营和保值增值，同时致力于完善国有企业利润上缴制度，并督促国有企业按时足额向国家财政上缴利润。国有资产监管机构推动国有企业利润上缴制度完善的作用已经在法国模式中得到了验证，值得我国学习和借鉴。

（4）发展主权基金在国际经济舞台上进行国有资本经营，分享和把握多元化经济增长机会。目前我国经济增长速度开始由高速向中高速回落，国内投资趋于饱和，投资机会无法满足国有资本保值增值的需要。在这种情况下，我国应借鉴新加坡淡马锡公司模式，依托我国国有资本规模优势，抓住人民币国际化的机遇，成立具有自主投资决策权和专业境外投资能力的主权基金，分享周边国家经济增长机会，同时提升我国在世界经济舞台上的影响力和话语权，促进国有资本和国有财富长期可持续增值。

（5）外国国有企业利润上缴整体处于较高水平，为我国提升国有企业利润上缴比例提供了可供参考的实例。在国外，英美两国国有企业利润全额上缴财政，意大利国有企业和新加坡淡马锡公司利润上缴比例分别达到65%和70%，上缴比例最低的法国也超过了40%。在较高的利润上缴水平上，上述各国国有企业依然较好地实现了自身的生存和发展，从侧面和一定程度上说明中共十八届三中全会要求将国有企业利润上缴比例提升至30%的水平，对于国有企业来说是可以承受的。因此，我国应借鉴和参考外国国有企业较高的国有企业利润上缴水平，逐步将国有企业利润上缴比例上调至30%的水平。

纵观以上西方发达国家国有企业分红政策，可以看到，第一，各国国有企业分红政策是各国历史和制度背景下的结果，各国对国有企业所采取的具体管理体制（模式）不同，决定了国有企业分红的不同政策措施。一个特定的管理体制（模式）框架包括了国有企业经营管理所依据的法律，是否建立控股公司、分权决策程度、市场机制的作用等，从而也就造成了各国在分红政策设计上的差异。第二，各国制定分红政策时都考虑了盈利状况、财务状况、未来投资计划及风险等企业经营因素。盈利状况是制定分红政策的基础，财务状况和未来投资计划及风险是制定分红政策时要考虑的必要因素。第三，各国政府还根据国有企业所在产业的重要程度，对国有企业采取分产业或分类管理。不同的管理方式决定了不同级别、不同行业国有企业的分红政策的区别。第四，国外政府一般不直接参与企业的日常经营，而是让企业以独立的企业法人的身份出现，拥有充分的自主权，按市场方式经营。有些国家还制定法律，规定政府不得将国有企业与非国有企业区别对待，不得对国有企业给予特殊优待。在制定分红政策时，政府与国有企业董事会共同协商，根据企业盈利、财务状况、未来发展计划等因素制定合理的分红政策。

二、我国国有企业分红现状分析

（一）国有企业分红历史变迁

中华人民共和国成立以来，政府对国有企业的利润分配进行了三项重大调整。按先后顺序来看有：1979 年以改善国有企业的自主权而实行的权力下放和让步；在 1994 年采用了分税制，以进一步增强国有企业的发展能力；2007 年国有企业利润总额实现增长后而提出分类上缴的分配制度。基于以上三项重大调整，本书将 1949 年以来的国有企业利润分配的历史分为四个时期，即统收统支（1949～1978 年）、放权让利（1979～1993 年）、分税制（1994～2006 年）以及分类上缴（2007～2018 年），对四个时期我国国有企业分红特征进行分析概述。

（1）1978 年以前的"统收统支"方式。我国的国有企业在很长的一段时期内实行的是"统收统支"的财政政策，即企业将利润全部上缴财政，然后再从国家财政获得资金用于投资或者弥补亏损。随着国家税制改革的进行，到 20 世纪 80 年代，由于国有企业的固定资产由拨款改为向银行贷款，企业要承担本金和利息费用，同时还承担了部分政府职能。

1949 年，中华人民共和国成立后，整个国民经济的基础薄弱，国家建设迫切需要发展。但是，战争摧毁了许多工业企业，导致重工业的基础薄弱，民营经济在短时间内无法形成合力，因此难以承担国家的负担。中央决定采用计划经济体制，政府统一制定财政支出计划，促进关键项目的实施，在短时间内组织了足够的社会力量来实现国家发展。在特殊的环境下，国家通过对官僚资本主义企业的改制成立了许多国有企业，这些企业在政府的统一控制下支持国民经济建设。因此，国有企业自成立之日起就具有独特的政策工具属性，成为国民经济建设中的一支重要力量。采用计划经济体制符合当时的国情，是有利的。在相对较短的时间内，国家建立了以国有企业为主体的社会主义公有制经济，为以后的工业化发展奠定了基础。但是，这种行政主导的管理模式忽略了国有企业内部的实际情况，过分强调服从政府的行政指令会使国有企业无法考虑到自己的利益，削弱了国有企业的积极性。

在落后的社会条件下，计划经济体制可以通过政府的行政指示迅速有效地促进国民经济建设，具有节约信息成本、提高资源配置效率的优点。然而，随着社会环境的改善和国民经济总量的增加，计划经济体制的弊端日益暴露，面对越来越多的国有资产，政府无法充分考虑每个细节的问题。

（2）1979～1993 年的放权让利方式。中华人民共和国成立初期，国民经济发展总体水平较低，中国财政支出的年收入来源非常有限，交易市场没有得到持续改善，并且没有有效的监督机制。在计划经济时代，在政府体制下，所有国有企业实施统一收支的利润分配模式。这阶段，国有企业的利润大部分上缴给了国家，由国家财政统一分配，即使有少部分利润可以留存在企业中，这部分资金的用途也受到了严格的限制。统一的收支再分配管理制度主要是为了保护投资者的相关权益，仅仅参考了我国财政收支状况，没有考虑国有企业的实际情况。因此，国有企业自身缺乏必要的资金来扩充生产，制约了企业自身的进一步发展。1980 年 2 月，中共十一届五中全会确立了建设社会主义现代化国家的重要目标，并进一步拉开了中国从计划经济向市场经济转变的帷幕。1979～1993

年，政府通过试行利润留成制度、利改税、承包经营责任制、股份制改造等方案，优化政府与国有企业之间的"委托—代理"关系，减少政府作为委托人对国有企业经营的行政干预，提高国有企业作为代理人的自主经营权。

1979 年 10 月，财政部发布《关于改进国营企业提取企业基金办法的通知》，对试行规定进行了修改，将八项计划指标和供货合同考核改为按产量、质量、利润和供货合同四项计划指标考核，将原来规定由企业主管部门从超计划利润中统一提取改为由基层企业从当年利润增长额中提取，并且进一步细化了不同行业国有企业的提取条件、提取办法及使用范围。但是，企业基金制度的细化并没有真正提高国有企业的积极性，反而限制了其自主经营的权力。进一步扩大国有企业的自主经营权成为利润分配改革的下一步工作。1979 年、1980 年、1981 年连续三年国务院颁布新的国有企业利润留存制度，包括《关于国营企业实行利润留成制度的规定》《国营工业企业利润留成试行办法》《关于国营工交企业实行利润留成和盈亏包干办法的若干规定》，自此国有企业的利润分配开始出现新的模式。利润留成制度的实施，虽然提高了国有企业内部留存的利润及其对利润的支配权力，也使得国有企业想方设法地增加留存、减少上缴，导致1979～1982 年国家财政严重不足。

自 1979 年以来，国家在实行企业基金、利润留成、盈亏包干等办法的同时，又先后在 18 个省（自治区、直辖市）对 465 户不同类型的国营工交企业进行了利改税试点。试行的效果良好，在 1981 年、1983 年、1984 年，国务院以及财政部又先后颁布了《关于国营工业企业试行以税代利的几项规定》《关于国营企业利改税试行办法（草案）的报告》《关于在国营企业推行利改税第二步改革的报告》和《国营企业第二步利改税试行办法》来实践国有企业分配制度改革创新的方向。

在经历了几年的利改税改革实践后，我国国有企业留存下来的利润明显增加。为了进一步刺激国有企业的发展积极性，1988 年 2 月，国务院下发《全民所有制工业企业承包经营责任制暂行条例》确立了国有企业在经营承包责任制下"包死基数、确保上缴、超收多留、欠收自补"的分配原则，细化了承包经营责任制的内容和形式，并对承包经营合同、合同双方的权利和义务、经营者的选择以及承包经营企业的管理进行了规定。承包制以维护国家对企业的财产支配权为前提，引进模拟的市场竞争机制，完成了国家与企业之间的行政性分权。

（3）1994～2007 年的分税方式。1993 年 11 月，中共十四届三中全会审议通过《中共中央关于建立社会主义市场经济体制若干问题的决定》中提出了理顺国家和国有企业的利润分配关系并建立政府公共预算和国有资产经营预算的发展目标，也标志着国有企业改革思路由行政干预转变为加强相关制度的建设。针对放权让利时期国有企业利润分配过程中中央与地方的分配冲突、职责不明确等问题，1993 年 12 月，国务院下发《关于实行分税制财政管理体制的决定》，对中央与地方的事权、支出、收入、税收返还数额及原体制的遗留问题进行了规定，并明确了配套改革和其他的政策措施，同时还提出了"要逐步建立国有资产投资收益，按股分红、按资分利或税后利润上交的分配制度"的要求。

北京天则经济研究所 2011 年的《国有企业的性质表现与改革》报告显示：2001～2008 年，国有及国有控股企业累计获得利润总额为 4.91748 万亿元，2008 年账面利润总额比 2001 年增长了 2.79 倍，净利润比 2001 年增长 3.25 倍。但同期少缴纳的利息、地租、资源租以及获得财政补贴共计 64 766.91 亿元。如果排除一些不必要的各种享受的补贴和各种低额的成本，2001～2008 年国有及国有控股企业平均的真实净资产收益率为 - 6.2%。报告指出，在 1994～2007 年期间，从国家统计局公布资料来看，国有企业就没有缴过 1 分钱。在国有企业融资方面，国有及控股企业实际利息率为 0.016%，个人及控股企业实际利息率为 0.054%，仅因为享有利息优待，国有企业在 2001～2008 年利息少支付的费用为 2.8469 万亿元。可见，在 1994～2007 年，利润基本留与企业自由支配。

（4）2007～2018 年的"分类分红"方式。随着国有企业改革的不断深入和社保体系的建立，国有企业的经营状况和社会负担已大有改观。2006 年 2 月世界银行发布了一份关于《国有企业的分红：分多少？分给谁？》的报告指出，中国国有企业的利润和改制收入属于公共收入，应当向国家分红。相关统计数据显示，2007 年国有企业实现利润 1.62 万亿元，中石油 2006 年利润高达 1 422 亿元，但所得红利却分文未上缴国库。充足的资金虽有利于企业的发展，但是过度的留存利润却可能引发企业的过度扩张而导致盲目投资，并使从未获得红利的国家为企业承担着巨大的成本。

随着股份制改造的完成，2007 年财政部、国资委印发的《中央企业国有资本收益收取管理暂行办法》规定国有独资企业应该上缴其年度利润，具体上缴比例区别于不同的行业分三类执行，第一类是烟草、石油等资源型的企业的上缴比例为 10%（从 2014 年起，中国烟草等 15 家中央企业的比例提升至 25%），第二类是如钢铁、电子等一般竞争性企业的上缴比例为 5%，第三类军工企业等暂缓 3 年上缴或免缴；而对于国有控股和国有参股企业应付国有投资者的股利、股息，按照股东会或者股东大会决议来确定。

针对国有企业利润上缴比例过低的问题，2010 年 12 月，财政部下发《关于完善中央国有资本经营预算有关事项的通知》，要求第一阶段试行的国有企业在原有上缴比例之上分别提高 5%，扩大了实施范围，将中央（2 家）、教育部（623 家）、文化部（3 家）、农业部（2 家）、国家广电总局（1 家）、中国国际贸易促进委员会（21 家）下属共计 652 家企业纳入国有资本经营预算，从 2011 年开始上缴利润，并进一步分为四个大类，分别是第一类为资源型垄断企业（15 家），上缴比例为 15%；第二类为工业企业（76 家），上缴比例为 10%；第三类为国防及科研单位（23 家），上缴比例为 5%；第四类为政策性企业（2 家），免缴利润。2011～2012 年，国有企业经营状况的持续改善有效地保障了国家财政收入的稳定。2012 年 2 月，财政部下发《关于扩大中央国有资本经营预算实施范围有关事项的通知》中将国有资本经营预算的企业在 2011 年的范围上新增 301 家，应缴利润小于 10 万元的小型国有独资企业本年度可以免缴。2012 年，中国烟草总公司的上缴比例被提高至 20%，成为国有资本经营预算体系中的第五类。

2013 年 2 月，国务院批转《关于深化收入分配制度改革的若干意见》中提出"十二五"期间国有资本利润的上缴比例要在现有基础上进一步提高 5% 并扩大利润上缴范围，并在 2013 年中共十八届三中全会上表决通过的《中共中央关于全面深化改革若干重大问题的决定》中指出，为进一步完善国有资本经营预算体系，将在 2020 年前逐步提高国有企业上缴利润比例至 30%。2015 年 9 月，中共中央、国务院印发《关于深化国有企业改革的指导意见》中，再次明确了到 2020 年将国有资本收益上缴比例提高至 30% 的改革目标。为便于比较，将我国国有企业分红时间段列示如表 1-1 所示。

表 1－1　　　　　　　　不同历史时期国有红利分配制度比较及目标

时期	时间（年）	目标
统收统支	1949～1978	提高国家财政收入
放权让利	1979～1982	提高自主经营权、释放经营活力
	1983～1986	完善利润留成制度、保障国家财政收入
	1987～1993	减轻税收负担、提高留存利润
分税制	1994～2006	提高经营水平、加强盈利能力
分类上缴	2007～2018	提高分配公平性、维护出资人权益

（二）我国国有企业分红现状分析

20 世纪末，随着改革开放的深入，我国实行了国有企业利税改革。因此，国有企业支付的红利成为所得税。改革开放初期，国有企业缴纳的所得税远远高于其他企业。随着国有企业改革的深入，国有企业希望像其他社会经济组织一样平等缴纳所得税。然而，我国一些国有企业却对国民利益置之不理，未能将应有的经营成果回报给人民。因此，这也是国有企业改革带来的一大弊端。当前，我国还存在许多行业的国有企业没有向国家缴纳所得税，没有将其红利上缴给国家，也没被纳入国有资本经营预算的范围内。所以，应该打破国有企业那种"取之国企、用之国企"的恶性循环，将国有企业的大部分红利回报给人民。

由于国有企业在新一轮经济形势下业绩强劲增长，首先人们普遍认为5%和10%的分红比例可能过低。其次有关国有红利的去向，《中央企业国有资本收益收取管理办法》规定，国有资本经营预算支出的主要方向是资本性支出，即扩大生产规模之类的投入和消费性支出、弥补国有企业改革成本等方面的费用性支出，而涉及民生的社保支出等项目只是在必要时才予以考虑。因此如何合理规划国有企业分红，使之既要有利于国有企业的可持续增长，又能够实现国家作为出资人所应得的收益已成为当前讨论的热点话题之一。

（1）与高管薪酬相比，国有企业普遍分红不足。国有企业普遍存在不愿给股东分红的现象。2009 年我国最大的 15 家国有控股钢铁类上市公司中，中国宝武钢铁集团有限公司（以下简称宝钢）、鞍钢集团有限公司（以下简称鞍钢）、武汉钢铁集团公司（以下简称武钢）等的财务数据显示上市公司分红派息率极低。包头钢铁（集团）有限责任公司 2006～2009 年连续 4 个会计年度均采取只送股不派现的利润分配方式，分别为 10 股送 0.55 股、10 股送 1 股、10 股送 0.5 股和不送不派。安阳钢铁股份有限公司 2005～2009 年的 5 个会计年度中，有 3 年不分红，其他两年分红只有 10 股派 1 股。与分红不足形成鲜明对比的是，上市公司高管薪酬却在大幅度增加。据大智慧软件提供数据显示，近年来，我国钢铁类上市公司给予高管的报酬极其丰厚，如宝钢年度给予高管的年薪维持在 1 200～1 800 万元左右，15 家钢铁上市公司的总年薪高达 5 000 万元左右。

（2）与庞大的利润相比，企业上缴红利显得微不足道。一般而言，国际上或者国内民营企业的一些分红比例，成长型企业是 10%～20%，成熟型企业是 50%。而我国国有企业上缴红利与庞大的利润相比微不足道。

首先从中央企业来看，中央企业上缴红利标准较低。自 1994 年来，中国国有工业企业，包括一些垄断高额利润行业企业，不仅从未分红，而且向国务院国资委打报告希望减免或减少红利上缴。另外，我国中央企业上缴红利比例标准分为四类：第一类 15%（烟草类行业）；第二类 10%（石油石化、电力、电信、煤炭资源性行业）；第三类 5%（钢铁、运输、电子、贸易、施工等一般竞争性企业）；第四类为军工企业、转制科研院所企业，3 年内暂不上缴。可见上缴红利标准之低。

如表 1－2 所示，第一，从总量来看，我国中央企业上缴利润的总量 5 年间由 424.52 亿元增长至 1 475.35 亿元，增长了 247.53%，年均复合增长率 28.29%；第二，从增幅来看，利润上缴总量保持了连续的正增长，增长率一直为正，但期间波动较大，2012 年以后受到实体经济利润率下滑的影响，增幅下降较大；第三，从上缴比例来看，我国中央企业利润上缴财政的比例在 5 年间以年均 1.16 个百分点的速度，由 3.12% 增长至 8.92%，说明近年来中央政府及相关部委连续出台政策文件，督促中央企业提高利润上缴比例的工作成效显著。但和国家规定的上缴率相比远远不足，2015 年的 8.92% 仍低于《中央企业国有资本收益收取管理办法》规定的最低一档的 10%，与中共十八届三中全会提出的"提高国有资本收益上缴公共财政比例，2020 年提高到 30%"的目标更是相去甚远；第四，从投资收益率来看，我国中央企业上缴利润占中央企业总资产的比率由 2010 年的 0.13% 升至 2015 年的 0.22%，增长了 74%，占中央企业净资产的比率由 2010 年的 0.35% 升至 2015 年的 0.70%，实现了翻番，但尽管增长幅度喜人，但中央企业投资收益率的绝对数值仍然过低，以 2015 年中央企业上缴利润占净资产比率为例，换算成市场通行的市盈率（PE）为 147 倍，也就是说如果不考虑资产增值，国家投入中央企业的净资产只靠利润上缴来回收，需要大约 147 年的时间。

表 1-2 　　　　　　　　中央企业利润上缴情况

年份	中央企业上缴利润（亿元）	上缴利润增长率（%）	中央企业利润总额（亿元）	利润上缴比例（%）	中央企业总资产（亿元）	占总资产比率（%）	中央企业净资产（亿元）	占净资产比率（%）
2010	424.52	—	13 587.60	3.12	330 315.00	0.13	122 465.00	0.35
2011	757.35	78.40	15 188.70	4.98	384 075.30	0.20	136 996.60	0.55
2012	950.64	25.52	15 966.70	5.95	434 119.30	0.22	151 309.60	0.63
2013	1 039.5	9.35	16 735.20	6.21	485 948.90	0.21	166 097.90	0.63
2014	1 378.57	32.62	17 280.20	7.97	537 068.00	0.26	184 446.60	0.75
2015	1 475.35	7.02	16 148.90	8.91	642 491.80	0.22	205 789.40	0.70

资料来源：中国财政年鉴。

其次从地方国有企业来看，利润上缴存在较大提升空间。如表 1-3 所示，在 2012～2015 年，地方国有企业利润上缴的总量由 203.38 亿元增长至 558.54 亿元，增长了 147.63%，年均复合增长率 40%，高于中央企业复合增长率 12 个百分点。此外，地方国有企业利润上缴总量也保持了连续增长，各年份增长率均为正数。地方国有企业利润上缴比例由 2012 年的 2.94% 升至 2015 年的 8.12%，年均增长 1.7 个百分点，目前基本与中央企业上缴比例持平。但地方国有企业利润上缴数据和指标在投资收益率方面明显劣于中央企业。2015 年地方国有企业上缴利润占总资产和净资产的比率仅为 0.07% 和 0.20%，还不到中央企业对应数据的 1/3。投资收益率低下，一方面说明地方国有企业盈利能力较中央企业整体较弱，且地方国有企业资产存量较大，未能有效盘活，资产利用效率较低；另一方面也说明国有企业利润上缴在地方层面较中央层面有更大的改进空间。

表 1 – 3　　　　　　　　　　地方国有企业利润上缴情况

年份	地方国有企业上缴利润（亿元）	利润上缴增长率（%）	地方国有企业利润总额（亿元）	利润上缴比例（%）	地方国有企业总资产（亿元）	占总资产比率（%）	地方国有企业净资产（亿元）	占净资产比率（%）
2012	203.38	—	6 914.20	2.94	460 770.8	0.04	168 445.10	0.12
2013	248.45	22.16	7 397.70	3.36	554 998.5	0.05	203 875.00	0.12
2014	321.58	29.43	7 485.20	4.30	644 939.0	0.05	233 708.90	0.14
2015	558.54	73.69	6 878.60	8.12	759 137.0	0.07	275 607.40	0.20

资料来源：中国财政年鉴。

最后从全国国有企业整体情况来看，国有企业上缴红利较低。依据《国务院国资委 2009 年回顾》的数据披露可以看出，从 1998～2005 年，国有盈利企业盈利额合计近 5 万亿元。2001～2008 年，国有及国有控股企业累计获得利润总额为 4.92 万亿元，2009 年实现利润 1.3 万亿元，同比增长 9.8%；2010 全年国有企业累计实现利润 1.99 万亿元，同比增长 37.9%。然而，1994～2007 年，国有企业基本不上缴利润。2009 年，国有企业利润上缴比例仅为 6%。可见国有企业利用社会资源创造庞大利润，但其回馈社会、上缴利税进行国民收入二次再分配的部分却与其利润明显不成比例。国有企业的利润增长和向国家分红的不匹配对国有企业人均收入和社会平均收入的巨大差距有着直接影响。

自 1998～2005 年，我国国有企业所创下的利润不断增加，由年利润 213.7 亿元增加至 9 047 亿元，7 年时间里总共增长了 41.3 倍，总共累计利润超过 4 万亿元。2014 年，我国中央国有资本经营预算收入 1 410.91 亿元，完成预算的 99%，增长 33.3%。其中，利润收入 1 378.57 亿元，股利、股息收入 9.81 亿元，产权转让收入 22.53 亿元。加上 2013 年结转收入 152.19 亿元，收入总量为 1 563.1 亿元。根据数据显示，按照行业性质不同进行划分，目前一般竞争类中央企业的红利上缴比例为 10%，而资源类中央企业的上缴比例为 15%，军工科研类中央企业的上缴比例为 5%。经由国务院批准的一项规定显示，自 2012 年开始我国烟草总公司的税后收取比例必须提高至 20%。为了对比近年来整体国有企业上缴利润情况，本书归纳总结了 2012～2015 年我国国有企业利润上缴情况如表 1 – 4 所示。

表 1 - 4　　　　　　　　　　　国有企业上缴利润情况

年份	全国国有企业上缴利润（亿元）	利润上缴增长率（%）	全国国有企业利润总额（亿元）	占利润总额比率（%）	全国国有企业总资产（亿元）	占总资产比率（%）	全国国有企业净资产（亿元）	占净资产比率（%）
2012	1 154.02	—	24 277.30	4.75	894 890.10	0.13	319 754.70	0.36
2013	1 288.08	11.62	25 573.90	5.04	1 040 947.30	0.12	369 972.80	0.35
2014	1 700.15	32.00	26 444.00	6.43	1 184 715.00	0.14	418 759.10	0.41
2015	2 033.89	19.63	24 970.70	8.15	1 406 831.50	0.15	482 414.20	0.42

资料来源：中国财政年鉴。

全国国有企业利润上缴总量在 2012～2015 年实现了连续增长，由 1 154.02 亿元增长至 2 033.89 亿元，规模接近翻番，年均复合增长率为 20.78%。2015 年全国国有企业利润上缴比例也达 8% 以上，为 8.15%。全国国有企业利润上缴数据中反映出的最突出的问题也是投资收益率过低的问题，2015 年全国国有企业上缴利润占总资产与净资产的比率为 0.15% 和 0.42%。

（3）纳入资本经营预算的国有企业数量较少，上缴红利覆盖范围有待扩大。目前只有国务院国有资产监督管理委员会监管的 100 多家中央管理企业纳入国有资本经营预算，中央 82 个部门所属的 6 000 多户国有企业仅有 1 631 户企业纳入国务院国有资产监督管理委员会经营预算范围，剩余未征收收益的企业隶属于各部委。按照试行国有资本经营预算的要求，这部分国有企业也应该纳入预算范围内。完整的国有资本经营预算体系应该包括所有国家出资的企业。基于对中央企业的规范管理和公平对待，即便是部属中央企业，大多数亏损企业也要加入上缴红利的国有企业覆盖范围。然而历史原因和体制因素使得这些企业隶属不同的中央部门，利益错综复杂。造成亏损企业愿意被纳入预算范围以便能从国有资本经营预算中获利，而盈利企业却会用各种理由拒绝纳入。另外，体制因素可能导致其被纳入后也无法上缴红利。例如，教育部下属企业多，但很多都是大学、科研院所办的企业，如清华同方、清华紫光是清华大学校办企业，也是盈利质量良好的上市公司。但如果想从这些公司收缴红利，就得通过其参股或控股的国有母公司，即清华资产集团收缴，而清华资产集团下属还有很多分公司，综合核算后毫无利润可言。因此，扩大国有资本经营预算范围，难度较大，是目前亟须解决的现时问题。

（4）国有企业分红纳入公共预算的支出较少。从现存制度设计来看，国有企业上缴的利润，按照资金使用性质可划分为资本性支出、费用性支出和其他支出。主要用于国有经济布局和结构调整，支付国有企业改革成本等，只有很少的一部分用于教育尤其是农村义务教育、医疗养老社会保障、农村建设等关系民生的领域。据数据显示：2007～2009年，中央企业国有资本收益1 572.2亿元，用于国有经济和产业结构调整、节能减排以及中央企业改革重组补助支出等方面的资本经营支出达1 553.3亿元，仅18亿元左右可能用于社保等项目，即只有1%的国有企业红利与社保相关。2010年，中央企业利润总额为11 315亿元，上缴国有资本收益以后，中央企业仍结余2 000多亿元，这些利润主要用于四个方面：解决企业历史负担、弥补国有资本金投入不足、扩大再生产和投入科技创新。2011年，国有企业累计实现净利润16 932.6亿元。117家中央企业实现净利润超9 173亿元。在769亿元中央国有资本经营支出中，国有经济和产业结构调整、境外投资、兼并重组和新兴产业发展占主要用途，仅40亿元纳入公共财政预算，用于社会保障的40亿元，占国有资本经营支出的5.2%。可见，国有企业上缴红利90%以上的支出仍花在国有企业身上，其名目为国有经济和产业结构调整、兼并重组、国有企业改革脱困补助、境外投资等，民生支出不足一成。本书总结了全国2012～2015年国有企业上缴利润、应缴税金及相关非税收入对比情况如表1-5所示。2012～2015年我国全国国有企业上缴利润占同年全国国有企业应缴税金的比例逐年上升，由2012年的3.45%上升至2015年的5.27%，占比增幅居于中央企业和地方国有企业之间，说明全国国有企业利润上缴的增幅大于全国国有企业上缴税金的增幅；2014～2015年间我国全国国有企业上缴利润占同年全国国有企业相关非税收入的比例有一定幅度的下降，由2014年的22.54%下降至2015年的17.62%，占比下降主要是由于公共预算中全国国有企业相关非税收入大幅上升引起的。

表1-5　2012～2015年国有企业上缴利润占税金与公共预算收入比例情况

年份	上缴利润（亿元）	上缴利润占税金比（%）	应交税金（亿元）	上缴利润占公共预算比（%）	国有企业相关非税收入（亿元）	上缴利润占非税收入比（%）	公共预算收入（亿元）
2012	1 154.02	1.02	33 496.30	3.45	—	—	113 600.00
2013	1 288.08	1.02	36 812.00	3.50	—	—	126 630.00

年份	上缴利润 （亿元）	上缴利润 占税金比 （%）	应交税金 （亿元）	上缴利润 占公共预 算比 （%）	国有企 业相关非 税收入 （亿元）	上缴利润 占非税收 入比 （%）	公共预算 收入 （亿元）
2014	1 700.15	1.22	37 860.80	4.50	7 543.10	22.54	139 530.00
2015	2 033.89	1.32	38 598.70	5.27	11 544.10	17.62	154 300.00

资料来源：中国财政年鉴。

（三）国有企业分红存在的问题

（1）利润上缴比例存在的问题。近年来，我国国有企业上缴利润占国有企业利润总额的比例大体徘徊在 10% 以下，这个比例低于财政部 2016 年最新出台的《中央企业国有资本收益收取管理办法》中要求的比例。如此之低的利润上缴比例，导致大量国有企业利润留置于国有企业系统当中，由国有企业内部控制使用，既有可能造成国有企业过度投资和挥霍浪费，也无法通过现金流压力的传导和约束，倒逼国有企业提升自身经营绩效和盈利能力。

上缴比例不仅增长缓慢，而且个别年份还出现过下降。按照这种趋势，国有企业上缴利润比例显然无法按照中共十八届三中全会战略部署，在 2020 年以前达到 30% 的目标水平，也无法满足中央关于"提高国有资本收益上缴公共财政比例，更多用于保障和改善民生"的政策要求。这说明，无论是从微观营利性的角度还是宏观公共性的角度来审视和评价都能得出一个共同的结论，就是国有企业利润上缴比例远低于国家的要求。

（2）利润上缴的绝对规模存在的问题。我国国有企业利润上缴绝对规模过低的问题，不仅表现在利润上缴的数量上，还主要表现在利润上缴数量与国有资本的存量的比率，即国有资本回报率上。从国有资本回报率方面来看，以我国国有企业上缴利润总量计算出的国有资本净资产收益率在 0.2% ~ 0.7% 之间，换算成资本市场通行的估值指标市盈率（PE）为 143 ~ 500，也就是国家投入国有企业的资本，如想要通过利润上缴来收回成本需要 143 ~ 500 年。如此漫长的回收周期显然是违背资本市场常识和投资收益规律的，充分说明了我国利润上缴财政的规模与巨大的国有资本存量相比，存在明显偏低的问题。

由于国有企业利润上缴占国有资本经营预算收入的 10% 以下，其比例和规模过低直接导致国有资本经营预算收入严重不足，预算政策功能大打折扣，在国有资本运营、国有经济结构调整升级方面难以发挥应有的作用，还会影响国有资本经营预算收入划转公共预算，支持和保障民生的力度，从而影响我国复式预算体系作为一个整体的内部平衡和功能发挥。

（3）利润上缴的相对规模存在的问题。首先，将国有企业利润上缴规模与上缴税收收入的规模进行横向比较分析。公共预算与国有资本经营预算同为我国复式预算的重要组成部分，承担着重要的收入任务和支出政策功能。国有企业上缴税收收入，是政府凭借政治权力取得公共预算收入的主要来源。而国有企业上缴利润则是政府代表国家作为国有资本出资人，凭借资本所有者权利取得国有资本经营预算收入的主要来源。既然国有企业上缴税收收入与国有企业上缴利润均为政府取得收入的重要来源，二者理应在一个数量级上，但目前水平的国有企业利润上缴只有国有企业上缴税金的约 1/20，充分说明国有企业利润上缴水平过低，既无法支撑国有资本经营预算在复式预算体系内的地位和作用，也不能满足政府使用投资收益保障和改善民生的需要。

其次，将国有企业上缴利润规模与上缴非税收入的规模进行横向比较分析。国有企业上缴的非税收入主要包括国有资本经营收入和国有资源（资产）有偿使用收入。国有资本经营收入主要来自国家投入事业单位的国有资本带来的收益，国家在事业单位中投入的资本规模及资本的盈利能力，显然与天量的国有企业资本无法相提并论；国有资源（资产）有偿使用收入则是近两年为了响应党中央、国务院提出的"国有资源全民共享，全民受益"和"合理开发，集约利用"的要求而开始征收的，征收历史远比不上国有企业利润上缴，但规模和增速却远超国有企业利润上缴。透过以上两方面分析，不难看出国有企业利润上缴不到公共预算中国有企业相关非税收入的 1/5，充分反映了国有企业利润上缴规模和比例过低的问题。

（4）利润上缴的实施范围存在的问题。目前，我国国有企业利润上缴财政实施范围不完整的问题主要体现在以下几个方面。

第一，大量国有企业尚未纳入利润上缴实施范围。根据财政部在《2013 年全国国有企业财务决算情况》中公开的资料，我国共有各类国有企业 15.5 万户，其中中央企业 5.2 万户，地方国有企业 10.4 万户。但从《关于 2017 年国有资本经营预算说明》来看，中央企业中纳入利润上缴实施范围内的仅有 838 户，仅占中央企业总户数的 1.6%。由于地方国有资本经营预算工作开展较晚，实施范围覆盖面相较于中央国有资本经营预算更不完善，纳入实施范围内的地方国有企业占地方国有企业总数的比例更低。即便是按照较为乐观的中央企业占比 1.6% 来估算，全国仍有 98% 以上，总计约 15 万户国有企业尚未纳入国有企业利润上缴实施范围。

第二，金融企业和文化企业尚未真正纳入利润上缴实施范围。《财政部关于中央文化企业编制国有资本经营预算支出项目计划的通知》和《中央国有资本经营预算管理暂行办法》明确要求要将文化企业和金融企业纳入国有企业利润上缴的实施范围，但目前文件执行的状况却不容乐观。文化国有企业方面，以中央为例，目前纳入国有资本经营预算的文化企业主要是文化和旅游部、中国文学艺术界联合会、财政部代表国务院履行出资人职责的中央文化企业，而其他部委所属或监管的报纸杂志等大量文化企业仍未纳入实施范围。金融国有企业利润上缴财政的工作仍处于准备阶段，均未正式纳入国有企业利润上缴实施范围。

第三，地方国有企业利润上缴的实施范围仍有待完善。目前，地方国有企业利润上缴和国有资本经营预算的编制仅停留在省一级，省级以下各级地方国有企业利润上缴和预算编制尚未形成独立完善的制度规范，市县各级国有企业尚未完全纳入利润上缴实施范围。更重要的是，各级国有资本经营预算单位主要是国有企业母公司或大型上市公司，但数量众多的下属各级子公司尚未完全纳入国有企业利润上缴的实施范围。　.

第四，国有企业利润上缴实施范围存在公共性和营利性的混淆。目前，我国国有企业利润上缴实施范围包含了具有显著的公共服务属性、不以营利为目的自然垄断企业（如邮政、铁路、公用事业企业）和显著影响公共利益、事关国家战略安全、资源获取和产品定价具有浓厚行政干预色彩的企业（如烟草、石油、军工企业）。这类国有企业并不以"利润最大化"为经营目标，其设立、运行及收支具有显著的公共属性，将该类企业纳入实施范围模糊了国有企业利润上缴财政和国有资本经营预算制度应有的营利性。

（5）利润上缴核算方法存在的问题。该问题是利润上缴实施范围不完整衍生出的问题。由于利润上缴实施范围内的企业主要是作为母公司的国有独资企业，大量作为子公司的国有资本参控股企业仍游离于利润上缴实施范围之外，为了使作为利润上缴数额核算基础的会计净利润涵盖国有独资企业下属参控股企业的利润，因而必须使用权益法编制的合并会计报表中的归属母公司净利润作为利润上缴数额的核算基础。

以合并报表归属母公司净利润为基础核算国有独资企业利润上缴数额存在的问题是，合并报表归属母公司净利润可能无法真实反映目标企业上缴利润的能力。一方面，权益法编制合并报表中的净利润，反映了目标企业（即母公司）本身及其下属各级子公司全部会计利润中按照母公司持股比例所应享有的利润，但只有在子公司对母公司进行分红时，母公司才能将上述利润用于上缴，但子公司分红通常小于其会计利润，因此作为母公司的国有独资企业的利润上缴能力小于合并报表中反映出的利润水平，按照合并会计报表归属母公司净利润核算利润上缴数额有可能造成目标企业资金困难。另一方面，国有独资企业下属子公司盈亏情况不一，在合并报表中，盈利子公司的净利润会被亏损子公司的净损失所抵消，由于现行制度下，我国不再对亏损国有企业进行补贴，而只是单边要求盈利国有企业上缴利润，合并会计报表盈亏相抵的特点实际上是削减了可用于利润上缴会计利润数额，从而会对国有企业利润上缴的总体数额和增长速度产生抑制作用。

由于该问题产生的原因是利润上缴实施范围不完整，因而该问题的解决只能通过扩大和完善国有企业利润上缴实施范围，将国有资本参控股企业全部纳入实施范围的方法才能解决。

（四）国外企业分红特点与国内对比分析

（1）国家以产权纽带参与分红政策制定。外国政府在国有资产管理上，一般不直接参与企业的日常经营，而是让企业以独立的法人身份出现，充分拥有自主权，按市场方式经营（汪平等，2008）。对于国有企业的高管，国外普遍实行严格的政企分离（张涛和曲宁，2010）。德国政府明确规定，国有企业高管及其下属不能来自政府机构，这就是被称为企业的直接经营者非政府官员化的原则。法国的有关法律规定，政府部长或议员级别的官员不得担任董事会成员，如果政府官员被任命为国有企业董事长，就不再担任政府职务。国有企业的董事长、总经理必须来自企业界，是真正的职业经理人。因此在制定分红政策时，西方国家并不是由政府一家决定，而是通过议会与国有企业董事会共同协商制定合理的分红政策，例如，瑞典、美国，他们在制定红利分配政策时，需考虑的重要因素包括企业的盈利状况、财务状况、未来投资计划及风险等企业经营因素（汪平等，2008）。这种机制在一定程度上可以平衡约束性和自主性。而在我国，由于我国国有企业的历史发展过程，存在国有股"一股独大"的特点，我国中央企业高管其实也是政府官员，两者经常交叉任职，政府的行政干预意识在国有企业的利润分配上也有所表现。

（2）分红比例普遍较高。在分红比例的确定上，欧美国家普遍保持在较高水平，一般都在42%～65%（陈少晖，2010）。新西兰2008年的国有企业净利润达5.98亿新西兰元，而国家则分得了其中的70%（4.2亿新西兰元）。挪威政府2008年，得到了342亿克朗的国有企业分红，比上年增加18%，在2003～2008年的5年中，上市公司的分红为利润的20%～53%（匡贤明，2011）。而在2007年我国颁布的《中央企业国有资本收益收取管理办法》中，规定资源型国有企业上缴利润的10%；一般竞争性国有企业上缴5%。5%、10%的比例与西方国家如意大利、瑞典等相比是比较低的。公司的分红比例是一个关键性的问题，利润中红利这一部分可以为社会提供支持，使得社会中其他事物可以恢复正常运行。但是，如果分红份额太小，则无法有效地对社会起到支撑性的建设与规划作用。此外，这两个比例对企业来说是一刀切的，其制定依据不是很明显，实行起来也不是很灵活。

（3）红利多用于公益用途。在收缴红利的用途上，上述国家除部分用于弥补国有企业亏损外，大多数的红利都被投入了国家公益事业上，有的甚至直接向国民分红，如美国的阿拉斯加州（汪平等，2008）。而我国的红利分配首先用于支付国有企业的转制成本，剩余部分才用于社会保障基金的补充。国有企业利润持续增长，与国有企业大多属于各种形式的垄断行业，享有对诸多资源和要素的垄断权不无关系（褚有为，2010）。国有企业是属于国家和人民的，因此，国有企业分红的一个重要方面，是让老百姓得到实惠。

三、对我国国有企业分红的启示

（一）提高分红率

我国目前国有企业分红比例是5%～25%，然而，这个分红率的确定没有考虑到各行业各类别企业的增长潜力，比例确定较低，也没有考虑不同类型的国有企业的发展前景。相对来说，西方国家国有企业分红率的确定比我国要灵活得多，因此我们可以借鉴西方国家国有企业分红政策的思想，提高我国国有企业分红率的灵活性。我国可以将分红率分为固定和变动两个部分。固定部分是国家用来实施约束的工具，变动部分用来确保分红率的灵活性。变动部分根据各行业及企业的不同类型确定。国有企业可以分为垄断性国有企业和竞争性国有企业。垄断性国有企业所获得的收益中有很大部分是因为其超然的垄断地位，并非其提高生产能力和自身努力等所获得的。因此应该将国有企业进行分类，按照国有企业是属于垄断性企业还是竞争性企业来确定分红率。同时，由于行业不同，各个行业的投资机会、发展前景都不同，也需要按照行业的不同来确定分红率。综合考虑，可以将行业和类别联系起来确定固定和变动两个类型的分红率。

（二）提高分红比例或直接分红给民众，使国有企业真正能体现国有的性质

国有企业实质是归全民所有，国家和政府是受全民的委托来管理资产。我国现行的国有企业分红政策规定的分红率为5%和10%两种，即分配的利润只占净利润的极小一部分，剩余的部分作为留存收益留给企业扩大再生产使用。那么剩余的部分是否都用于再生产这一点就有些令人生疑，是否有足够投资项目进行投资就缺乏监管了。没有好的投资机会而把资金都留在企业促成了管理层的过度投资和在职消费。企业留存的资金过多，违规发放员工福利的可能性越大。留存的资金有很大一部分由国有企业的内部人员消费了，这严重损害了普通民众的利益，也就使国有企业变得不具有国有的性质，普通民众无法从中得到大部分利益（朱珍，2010）。而西方国家的分红率普遍高于我国的分红率。特别是美国阿拉斯加州的例子，自1982年起，阿拉斯加州政府连续20多年给在该州居住6个月以上的公民发放分红，每人每年几百至上千美元不等。这就体现出普通民众的广泛受益。

（三）完善我国国有企业的法人治理机制

西方国家国有企业的管理体制各不相同，而有一个共同点是大量发达国家的国有企业中，董事会扮演了重要的角色，政府为国有企业确定统一的分红率

是不常见的。目前我国国有企业的管理是多级委托代理制度，即各级人民政府—国有资产管理委员会—国有资产经营公司—企业董事会—经营者。而企业的管理者是直接受命于上级行政部门，并不是由董事会决定的。在这种状况下，董事会的职能被弱化，国有企业的管理带有行政色彩，董事会也不能真正地发挥作用。这种不完善的法人治理机制无法做出合理的分红政策。我国国有企业的法人治理机制的不完善导致了我国目前由政府设定分红率的现状，还需要在法人治理机制的完善方面下功夫。

（四）处理好分红支出用于公益事业和发展需要之间的比例

《国务院关于试行国有资本经营预算的意见》中明确指明，国有资本经营预算的具体支出范围应该依据国家宏观经济政策和不同时期国有企业改革和发展任务来统筹安排确定。在必要时可以部分用于社会保障等支出。这里就明确指出利润首先满足发展的需要，其次才是用于社会保障支出，即分红用于社会保障支出摆在了次要的位置，分红用于公益事业这一目的可能较难实现。本书认为国有企业分红必须要让普通民众得到实实在在的实惠。这也并不是说国有企业的发展不重要，而应该两者都予以同等考虑，使国有企业能够可持续发展的同时，让广大老百姓受益。

根据有关文献以及一些国家国有企业分红的实践，可以明确的是，国有企业向政府股东分派红利是通常的做法。就我国的国有企业分红政策而言，不难预见，通过国有企业分红，国家可以掌握更多的资源以推动整个国民经济的可持续发展。尤为重要的是应当认识到，国有企业分红的充分展开，绝非一个简单的税后利润的再分配问题，而是从根本上对国有企业在整个国民经济中财务职责的赋予，是从投融资等诸多方面对国有企业运作机能的再造，是国有企业改革的进一步深化。这项改革也将在一定程度上改变我国国有企业的运行机制，优化国有企业的财务状况，提升其国际竞争力。

四、国有企业分红现状总结

根据本书对国有企业分红的历程梳理，一方面可以看到我国政府对国有企业的分红制度正在进行变革和改善；另一方面，也看到在这场变革中，仍然存在着复杂的问题。讨论的焦点之一就是是否需要大幅提高国有企业上缴红利的比例和范围。国有企业该上缴多少利润的问题类似于一般企业中利润怎样分配于资产所有人的问题。按惯例，上市公司股东分红比例为税后可分配利润的 30% ~ 40% 之间，相比之下，国有企业红利上缴最高不过 25%，而且上缴范围只限于 100 多家非金融类中央企业，金融类国有企业以及其他 5 000 多家国有企业，至今未能纳入上缴范围。本质意义上，国有企业上缴红利不能纳入公共财政让国民分享，用于提供公共产品、满足公共需要，充其量只是国有企业内部的资金调节而已。与国有企业有关的另一个问题更加重要，那就是必须保证市场的公平性。"国进民退"还是"国退民进"比国有企业利润怎样分配更值得关心。依据财政部公布的 2016 ~ 2017 年《中国财政年鉴》数据，国有企业在 2017 年 1 ~ 12 月期间实现了 522 014.9 亿元的营业收入，较 2016 年同比增长 13.6%，创造利润达 28 985 亿元，12 月末，国有企业资产总额 1 517 115.4 亿元，同比增长 10%；负债总额 997 157.4 亿元，同比增长 9.5%；所有者权益合计 519 958 亿元，同比增长 11%。在如此大的利润体量中，2017 年国有资本利润上缴为 2 579 亿元，占比约为 8.89%，由此可见，国有企业利润上缴比例依旧处于较低水平。国有企业每年创造万亿级的利润，而上缴的分红徘徊在 10% 左右，显然目前的分红比例较低。借此可推测虽然制度规定最高上缴比例档位为 25%，实际上大部分国有企业真实上缴比例位于制度规定的第四类标准或暂不上缴收益，前三类企业数量在整体政策适用范围所含企业中占比不大。而外国国有企业利润上缴比例显著高于我国整体 10% 的水平，其中美国因其公共信托的模式将国有资本收益直接发放给居民达 100% 而位居首位，除美国外，其他国家的国有企业利润分配比例多数设置在 50% 左右。因此，我国国有企业的分红水平还有较大的提升空间，万亿级的利润大部分留存企业，而国家并没有享受到国有企业高额利润带来的红利，其所有权权益受损。

国有企业分红本质上是一次公共利益与既得利益的博弈。经验告诉人们，要让既得利益者轻易放下手中捞取的暴利不容易。事实上，这几年尽管国有企业分红被说来说去，但至今为止，却依旧未有劲道十足的制度支撑。国有企业红利必须被真正收归国有，成为公共财政，让全体国民拥有这些红利的最终收益权，来完整实现国有企业分红的公平与正义，把国有企业分红纳入公共财政体系中，以法律制度来保证其收缴渠道畅通。同时，还要通过人民代表大会的预算程序批准使用，将这些红利使用纳入相关审计体系中。

国有企业的利润如何在国家和社会以及企业之间分配，是当前乃至以后很长一段时间内都需要不断探索的问题。由于国有企业的特殊性，其利润分配除了用于企业自身发展以外，还要兼顾国家利益和公众利益，使得国有企业的经营成果实现全民分享，这才是国有企业价值的最大体现。让全体国民从我国经济改革的过程中，得到实在的利益，也是解决我国行业收入差距，缩小贫富差距等问题的必由之路。

第五节 核心概念及相关理论

对股利分配政策的研究一直是研究上市公司财务行为的一个热点。股利政策是搭建管理层和广大中小投资者之间信息沟通的桥梁。上市公司分红与否、分红多少都切实关系到企业目标的实现和广大中小投资者的切身利益。随着我国关于国有资本收益分配办法的制定，国有企业分红制度的建立问题引起了国内学者的广泛关注和讨论，国有企业分红比例确定已经逐步成为我国国有企业改革的热点研究问题之一。由于现实中的市场环境并不是完善的资本市场，明显地存在着交易成本、代理成本、信息成本等影响因素，除了受到强制性分红制度的影响外，国有企业的分红制度还受到企业所处环境的许多政策制度的影响，例如，市场化发展程度、企业所处环境的法律制度完善程度、金融业的发展等。一般来说，企业总是处于特定的制度环境当中，并倾向于趋利避害而适应其所处环境。基于此，本书将从制度环境、企业生命周期、终极控制人和政治关系等角度探讨国有企业分红影响因素，在本部分对相关的概念做出界定与分析。

一、可持续增长模型与理论

可持续增长理论（sustainable development theory）是指"人类的发展离不开

我们赖以生存的资源和环境，而资源和环境的不可再生性使得我们不能只关注眼前利益，人类在既不损害后代人利益的前提下又能满足当代人的发展的需要的能力"。可持续增长理论的提出影响到整个世界企业经济的发展。可持续增长理论的研究始于国外，由于资本主义经济的发展和国外企业的不断发展壮大，越来越多的企业开始寻求可持续的发展道路。在20世纪五六十年代，当时的国外学者就已经开始了可持续理论的研究。但是由于当时条件的限制，研究只能局限于对相关案例的定性研究。到20世纪70年代，希金斯（1977）开发了一种可持续增长模式，希金斯提出的这个模型研究标志着持续增长理论从定性研究到定量研究的开始。此研究也标志着可持续增长理论一个新时代的到来，许多学者开始从定量角度研究可持续增长模型的价值与意义。

（一）希金斯可持续增长模型

希金斯可持续增长模型是美国华盛顿大学教授罗伯特·C. 希金斯在1977年提出的。从他设置的研究条件和研究的结果来看，可持续增长率是指在不需要耗尽内源性股权资本的情况下，公司销售收入所能增长的最大实际值。其基本思路为：可持续增长率＝股东权益增长率。希金斯的可持续增长模型基于以下假设：公司想以市场允许的速度来发展；管理者不可能或不愿意筹集新的权益资本，增加债务是其唯一的外部筹资来源，即企业发行在外的股数不变；公司要继续维持一个目标资本结构和目标股利政策；公司资产周转率水平保持不变。该模型指出：一个公司要依靠自身来实现销售增长，其可持续销售增长率与公司的留存收益率、销售净利率、总资产周转率和权益乘数4个比率的乘积有密切的关系。

（二）范霍恩可持续增长模型

美国斯坦福大学教授詹姆斯·范霍恩（1978）对企业可持续增长模型进行了深入研究。他认为公司的发展需要管理人员保持公司销售目标与经营绩效及财务资源之间的平衡。根据他的定义，可持续增长率表示在预定的经营比率、负债比率和股利支付率目标值基础上，公司可能达到的销售额的最大年增长率。他的思路与希金斯一致，均是基于会计口径的可持续增长模型，只是推导的模型不同。他们的最大区别就是范霍恩强调可持续增长率是目标值而不是实际值。

该模型运用数学方程对企业的营运水平、财务政策及财务资源与企业增长速度之间的相互影响进行了分析。依据该模型的结果，企业的销售增长率与公司所要求的可持续增长率应该保持平衡，销售增长率超过或低于可持续增长率都会对企业造成不良后果。若销售增长率超过了可持续增长率，则会使企业因资金不足而陷入财务困境；反之，则会导致企业资金闲置而降低企业价值。

(三) 拉巴波特可持续增长模型

拉巴波特 (1980) 从以往定性研究中所强调的价值创造角度来研究可持续增长模型，关注现金流和可持续增长的关系，提出了可持续增长应与持续价值创造相一致的观点。他认为，理论上企业的快速增长应该能够促进股东价值持续增加，而现实情况却相反，企业的高速增长不仅未能提高股东价值，反而减损了股东价值。因此，他认为企业应该存在一个可以承受的增长 (affordable growth)，并且这个增长水平可以作为评价财务计划可行性的手段。

(四) 科雷可持续增长模型

科雷 (2003) 在其著作《公司战略》中探讨了现金流量与增长率之间的相关关系。在研究的过程中，他提出了现金余额增长率 (cash-based growth rate) 的概念，并指出当企业现金流量为零时，此时的增长率即为现金余额的增长率。他认为现金流量越高，企业的增长率就越低。当实际增长率高于现金余额增长率时，企业会出现负的现金流；反之，实际增长率低于这个增长率时，企业的现金流量为正。与拉巴波特可持续增长模型一样，科雷可持续增长模型也是建立在现金流的基础上，认为可持续增长率是现金流为零时的增长率，指出企业增长和现金流的负相关关系，约束企业增长的关键因素是企业的自由现金流量。

(五) 国内的可持续增长模型

由于受国情因素和我国经济发展因素的影响，我国对可持续增长理论的研究相对于西方来说要晚一步。目前国内主要是从定性方面对其进行分析，他们通过对国外学者研究成果的学习和总结，发现其分析的不足之处并进行改正，让相应研究成果对国内的发展更有指导意义。如在 2001 年，赵华、梁尽和油晓峰等在这些方面的研究成果具有重要价值，赵华和梁尽两位学者依据彭罗斯提出的理论，全方位地对企业可持续增长进行了定性分析和研究。同时，还有其他的学者也在致力于对相应理念进行研究。许桂宝和张瑞稳（2001）从企业的财务风险、财务效益化及企业的收益价值方面对企业的可持续增长进行了定性分析。在企业发展中提供关于财务、收益方面发展模型可以为企业在未来的发展中提供更好的思路和指导。依据前人的研究成果，许桂宝和张瑞稳两位学者还将财务预测模型和可持续增长模型结合起来，共同对可持续增长模型进行定性研究，可持续增长要符合增速平稳性特点，过快或过慢发展都是不健康状态。陈锦帆和王静蓉的可持续增长模型考虑折旧费用（1999）。朱开悉提出基于企业价值最大化的可持续每股收益模型（2001）。王志芳和油晓峰发展了以往的可持续增长模型，让可持续增长模型既能够服务于企业的财务政策，还能够为企业的资产重组、企业兼并、债务危机、破产风险等方面进行预测，从而全方位的促进企业的可持续增长。刘斌、黄永红和刘星运用希金斯和范霍恩所提出来的可持续增长理论，对我国的上市公司进行实际的数据调查分析，分析了我国上市公司 7 年的财务数据，用实际案例分析论述了希金斯和范霍恩所建立的可持续增长模型具有极强的可行性。刘斌、黄永红和刘星还对其他上市企业运用多元成本分析，证实了我国企业可持续增长能力与企业的运营、管理、盈利、偿债等能力息息相关。樊行健（2007）研究了希金斯和范霍恩等主要学者的可持续增长模型的研究成果，在肯定这一模型的时候，樊行健也指出了这一模型的不足。这种模型起作用的前提是要对企业在结构方面进行适度调节，促进平稳发展，这样企业才能实现真正的可持续发展。范荣娟和张丕宏的趋势分析模型考虑了可持续增长率的变化趋势（2007）。王爱红（2008）通过放宽假设条件推导出在完全竞争环境下不消耗公司资源的所能够获得的最佳财务可持续增长率。认为修正的可持续增长模型与公司的负债销售百分比、销售量和留存收益率有关。赫光（2009）认为可持续增长模型首先应该严格区分资产的类型，以便能够准确反映随销售增长而引起的资产增加额；其次是引入营业利润毛利率、期间费用和非经常性损益等变量；最后应该用股利支付额取代股利支付率。

　　大量的研究结果表明，企业可持续增长能力与企业价值有着密切关系。随着现代经济的发展，企业竞争力不仅取决于自身盈利能力的持续，而且更加强调可持续发展的能力。希金斯可持续增长模型清晰，明确了影响及制约企业增长的主要财务因素，思路明晰，便于操作，这也是该模型被一直使用的原因。此外，该模型中的企业不可能随时增发新股的假设在目前来看，比较符合实际情况。我国上市公司发行新股间隔时间长，并且需要严格而烦琐的程序，发行新股比较困难。因此本书采用希金斯可持续增长模型。

二、股利政策及相关理论分析

股利政策是公司利用税后留存收益发放给公司股东，以保证公司股东投资收益的一种政策。公司股利政策主要包括以下 5 个维度，即是否发放股利、股利支付方式、股利发放的比例、股利发放的频率以及股利发放行为是否连续等。股利政策有广义和狭义之分，狭义的股利政策仅指公司决策从留存收益里拿出多少派发普通股股利，即股利支付比率的确定。而广义的股利政策则包括：股利发放日、股利支付比例以及股利发放的资金来源问题。西方成熟资本市场上，发放股利方式通常可以分为现金股利、股票股利、财产股利、负债股利四种方式，其中最通用的股利发放方式为现金股利方式。然后为股票股利、财产股利和负债股利。在我国资本市场上，公司通常采用现金股利、股票股利和资本公积金转增股本 3 种方式，以及几种方式的混合发放。具体分为以下 8 种方式：即不分配股利、分配现金股利、派现加送红股、送红股、转增股、派现加转增股、送红加转增股、派现加送红加转增股。

截至目前，仍然没有统一的股利政策定义。关于股利政策的概念，国内外学者所给的定义各不相同。

（一）国外代表性股利政策观点

（1）詹姆斯·范霍恩和约翰·瓦霍维奇（James C. van Horne and John M. Wachowicz, Jr.）认为，股利政策是企业融资决策不可分割的一部分。企业股利政策的一个主要方面就是决定企业利润在支付股利与增加留存收益之间的合理分配比例。但与企业全面股利政策有关的其他方面也是很重要的，这些方面包括法定要求、流动性与控制问题；股利稳定性；股票股利与股票分割；股票回购；以及管理上的考虑等。

（2）威廉·L. 麦金森（William L. Megginson）认为，股利政策这个术语曾经指一个公司选择是否支付给它的股东现金股利的策略，如果支付现金股利，那么支付多少以及以什么样的频率（按年支付、按半年支付、按季支付）进行支付。近年来，股利政策又包含了很多其他内容。例如，是否通过股份回购或者以特殊规定的形式来发放股利而不是按常规形式向投资者分配现金；是否支付股票股利而不是现金股利；由于对个人征收高税赋，而对有些机构投资者却是免税的，这些机构投资者正日益成为世界资本市场的支配者，如何平衡个人与机构投资者对股利政策的不同选择。

（3）斯科特·贝斯利和尤金·F. 布里格姆（Scott Besley and Eugene F. Brigham）提出，从公司盈利中分发给股东的现金支出为股利。这部分盈利可以是当期收入，也可以是前期收入。相应地，公司的股利政策，即关于到底是将盈利作为股利支付给股东还是作为留存收益。最佳股利政策即可在当前股利和未来增长之间达到平衡，从而使公司股票价格最大化的政策。

（4）威廉·R. 拉舍（William R. Lasher）指出，股利政策表面上很简单，它是有关于公司应支付其收益的多少作为股利，这个选择涉及方方面面；公司的收益属于股东，股利政策是管理层代表股东处置他们的收益所做出的选择。理论上，只有两种选择，收益可以股利形式支付，也可以留在企业里进行再投资；股利政策是在近期支付股利多与少之间做出选择。拉舍认为，股利政策是指一个企业决定其究竟支付多少股利的基本原理。这个词包括支付的数量和随着时间支付数量的改变形式。

（二）国内有代表性股利政策观点

（1）吕长江和王克敏（1999）认为，股利政策是上市公司期末如何分配其收益（或称利润）的决策。在决定向股东分配股利之前，需要综合考虑各种因素，公司是否分配、如何分配、分配多少，直接影响公司未来的筹资能力和经营业绩。

（2）李常青认为，股利政策是以公司发展为目标，以股价稳定为核心，在平衡企业内外部相关集团利益的基础上，对于净利润在提取了各种公积金后如何在这二者之间进行分配而采取的基本态度和方针政策。股利政策的内容主要包括五个方面：股利支付率的高低政策、股利支付具体形式的选择、股利支付率增长政策、选择什么样的股利发放策略和股利发放程序的策划。

（3）杨淑娥和胡元木认为股利政策是关于公司是否发放股利、发放多少股利以及何时发放股利等的方针和策略。股利政策主要是权衡公司与投资者之间、股东财富最大化与提供足够资金以保证企业扩大再生产之间、公司股票在市场上的吸引力与公司财务负担之间的各种利弊，寻求股利与留存收益之间比例关系。

（4）王化成认为，股利政策是指公司在平衡企业内外部相关集团利益的基础上，对于提取了各种公积金后的净利润如何进行分配而采取的基本态度和方针政策。股利政策涉及企业资金的分配、筹集和资本结构问题，合理的股利政策将为公司提供廉价的"资金来源"；此外，股利政策会对公司股价产生影响，是争取潜在投资者和债权人的重要手段，也是公司树立良好形象的一项重要工作。

（5）孙茂竹、王艳茹和张祥风认为，从宏观角度讲，股利政策就是以公司发展为目标，以股价稳定为核心，在平衡企业内外部相关集团利益的基础上，对于净利润在剔去了各种公积金后如何分配采取的基本态度和方针政策；从微观角度看，股利政策主要反映的是公司、股东、债权人及公司管理者等利益主体之间的利益分配关系。

从国内学者的观点看，其股利政策的概念比国外学者的要严密，均结合了企业的发展或目标来定义公司的股利政策。其定义决定了其实证分析的内容。本书认为国内学者定义存在的问题是，有些定义的较广，实证分析只分析了其中的一部分，如李常青、吕长江；有些定义较严密，但没有相应的实证分析。

综上所述，本书认为，股利一般是指从利润中分配给股东的现金。股利政策是企业以企业价值最大化为主要目标，在权衡未分配利润与现金股利的基础上，对股利分配活动所作的科学安排。其内容主要包括四个方面：第一，企业是否支付股利；第二，不同股利支付形式下的收益，如每股现金股利，每股股票股利等；第三，股利支付率（每股实际分配盈余与可分配盈余的比率的高低）；第四，股利支付的连续性。股利政策是企业财务政策的重要组成部分。

当前，我国企业面临激烈的竞争环境，在复杂的市场环境中，如何让企业更好的发展已成为经营管理者关注的问题。对企业的增长来说，企业内部资源决定了企业长期、稳定的最适宜的增长率和发展情况。本书认为，股利政策作为公司经营行为和经营业绩的反映与折射，会对公司的股票市价和公司的市场形象产生深远的影响。如何制定股利政策，使股利的发放与公司的未来持续发展相适应，便成了公司管理层的终极目标。而如何实现企业的经营目标，提高市场竞争的地位，使企业能够始终保持盈利增长的能力，保证企业可持续增长是企业在追求自我生存和持续发展的过程中最为关键的问题。股利政策作为企业财务管理中的重要策略，决定了企业财务资源如何在股利支付与留存收益之间的分配，影响着企业的再融资和再投资的能力，从而影响企业的可持续增长。广义的股利政策研究应包括股利发放策略的选择、股利发放程序的策划，结合企业的融资政策和投资政策进行研究，更应该考虑可持续增长、制度环境等因素对企业股利政策的深远影响。

（三）股利政策相关理论分析

股利政策作为衡量股市吸引力的重要标志，备受国外学者们的青睐，林特纳（Lintner，1956）、米勒和莫迪格利安尼（Miller and Modigliani，1961）提出公司股利分配行为的理论模型和"股利无关论"（又称"MM 无关论"），为股利政策研究奠定了理论基石。由于 MM 无关论的假设条件与现实资本市场极其不符，因此，西方财务学界不断放松 MM 理论的假设条件，从各个角度进行理论研究和实证分析，提出了各种股利理论，如"在手之鸟"理论（Williams，1938；Gordon，1963）、税收差异理论（Farrar and Selwyn，1967；Brennan，1970）、股利信号理论（Bhattacharya，1979；John and Williams，1985；Miller and Rock，1985）、委托代理理论（Easterbrook，1984；Jensen，1986）、股利迎合理论（Baker and Wurgler，2004）、生命周期理论（Fama and French，2001；Grullon et al.，2002；De Angelo et al.，2006）。股利信号理论（signaling theory）萌芽于林特纳（1956）的经典股利政策研究中。进入 20 世纪 70 年代，随着信息经济学的兴起，通过放松 MM 理论中投资者和管理者拥有相同信息的假定，诸多学者从信号传递的视角分析了现金股利政策（Bhattacharya，1979；John and Williams，1985；Miller and Rock，1985；Williams，1988；Ambarish，1987；John and Williams，1985），将股利视为管理者向外界传递其掌握的内部信息的一种手段。罗泽夫（Rozeff，1982）从控制代理成本的角度，解释了公司支付股利及公司派发股利的动因。代理成本理论在放松"MM 股利无关论"的委托人和代理人之间无利益冲突假设条件下，认为股利政策是缓解两权分离制度下代理冲突的主要方法，从而将股利政策与公司治理结合起来，同时将自由现金流量概念引入代理成本理论，拓宽了股利政策研究的范围。

股利代理理论和股利信号理论成为20世纪80年代后股利政策研究的重要流派。伊斯特布鲁克（Easterbrook，1984）、詹森（Jensen，1986）等从第一类代理冲突，即股东和经理人间的委托代理关系出发，将现金股利分配视为解决代理冲突的一种治理方式。法扎里、哈伯德和彼得森（Fazzari，Hubbard and Petersen，1988）研究发现：长期支付股利的公司相比于不支付股利的公司受到的约束较少。博罗霍维奇（Borokhovich，2005）采用毒丸计划或外部大股东来衡量代理成本，却没有发现提高的现金股利可以降低代理成本。施莱弗和维斯尼（Shleifer and Vishny，1986；1997）、莫里和帕贾斯特（Maury and Pajuste，2002）等则从第二类代理冲突，即控股股东与中小股东之间的代理关系角度研究了股利政策的代理理论，认为现金股利有助于缓解股东与经理之间的代理冲突。莫里和帕贾斯特（2002）对芬兰公司的研究发现股权集中度越高则股利支付率越低，也支持股利政策的代理理论。

格雷厄姆（Graham，1985）以信息经济学为基础，运用信号传递理论和代理成本理论，基于股权集中度和两权分离度研究公司股利政策。研究发现，股权集中度较高的公司（家族公司、由银行和行业集团控制的大型国有公司），决策者较集中，两权分离程度较低，信息不对称程度较低，股权要求支付的动机不强，对股利传递信息的要求程度也较低（Graham，1985）。反之，股权结构分散，如依靠资本市场融资的美国、英国、加拿大等国公司，代理成本越高（Meckling and Jensen，1976）股东越倾向于选取高股利支付政策，以此遏制高额的代理成本。

从"在手之鸟"理论到"股权结构理论"，西方学者对股利政策理论的研究始终没有突破理性行为及有效市场假说的约束，但在实际投资过程中，人们的情感往往会破坏理性决策。特韦尔斯基（Tverskey，1979）、米勒（1985）、泰勒（Thaler，2007）、舍弗林（Shefrin，1984）等学者突破了理性行为假设，将行为科学、心理学、社会学等学科的研究成果引入股利政策研究，为股利政策研究开辟了一个新视角。其中，代表性的观点有理性预期理论、自我控制理论、后悔厌恶理论和股利迎合理论。

正如，布莱克（Black，1976）所说，股利问题像个谜，不存在一个理论能统一解释股利问题。诸多股利理论中，股利的信号理论（Miller and Rock，1985）和代理理论（Jensen，1986）对现实中股利行为的解释可能最具影响力。但都未能完整解释现实中公司股利行为。国内外学者借助诸多股利理论，从各个视角（从微观公司特征和宏观外部环境）进行实证分析，探讨公司股利行为的存在动因。

三、企业价值

企业是以营利为目的的，实行自主经营、自负盈亏、独立核算的经济实体。在企业价值评估活动的发展过程中，人们运用劳动价值论、效用价值论、均衡价格论和内在价值理论等多种经济理论对企业价值的内涵做了不尽相同的诠释。

具体来说从不同角度看，企业价值的定义不同。从财务角度看，其内涵包括总体价值（等于企业全部净现金流量的折现值）、债务价值（与债务人相对应，从债权人看，是债权人现金流量的现值）、权益价值。其主要形式有账面价值、内涵价值、市场价值、清算价值和重置价值。本书采用市场价值的含义。

（一）国外观点

（1）米勒和莫迪格利安尼（1958）在 MM 定理 I 中谈到，假设任何公司 j，用 $\overline{X}_j$ 表示公司所有资产的期望收益（即减去利息之前的期望利润），D_j 表示公司债务的市场价值，S_j 表示普通股票的市场价值，用 $V_j \equiv S_j + D_j$ 表示所有证券的市场价值，或者说公司的市场价值。因此，他们的命题 I 宣称在均衡时，对于 k 类公司中的任何 j 公司，一定有：

$$V_j = (S_j + D_j) = \frac{\overline{X}_j}{\rho_k}$$

也就是说任何公司的市场价值独立于资本结构之外，是其期望收益按所处等级折现率 ρ_k 折现得到的。

（2）布瑞德福德·柯内尔（Bradford Cornell，2001）认为："'一个公司的公正市场价值'存在两个模糊之处。'公正市场价值'指的是什么？'一个公司'指的是什么？关于公正市场价值的定义，引用最多的，也许并不是最简明的，是国内收入局（IRS）在 1959 年 3 月所下的定义。'公正市场价值是某项财物在有意向的买者和有意向的卖者之间易手的价格，买者自己想要购买，而不是在任何压力之下做出购买决策；卖者自己想要出售，也不存在任何压力迫使他出售。而且，双方都对有关的事实有较为充分的知识。不仅如此，法庭的判决也一再反复申明，假设的买者和卖者能够而且愿意进行交易，对交易的物品以及该物品的行情有充分的信息。'"[①] 并探讨了四种价值评估中的常用方法：调整账面价值法、股票和债券的方法、直接比较法和折现的现金流量法。

（3）理查德·A. 布雷利和斯图尔特·C. 迈尔斯（Richard A. Brealey Stewart C. Mywers，2004）提出价值可加性与价值守恒定律："价值可加性原则告诉我们，总体价值等于各个组成部分价值的总和。当我们评估将产生一系列现金流量的项目时，我们总是假设价值可以累加汇总，也就是说，我们假设：

$$PV(\text{项目}) = PV(c_1) + PV(c_2) \cdots + PV(c_t) + \cdots$$

$$= \frac{c_1}{1+r} + \frac{c_2}{(1+r)^2} + \cdots \frac{c_t}{(1+r)^t} + \cdots [②]$$

（二）国内观点

（1）晏钢和董守胜（2003）认为，既然公司决策的基础是股东价值最大化，那么我们需要恰当评价公司价值的工具与方法。根据已有的资料，实践中主要应用的公司价值评估模式与方法包括（调整）账面价值法、市场价值法、直接比较法、综合加权估值倍数模型法以及折现现金流量法。（调整）账面价值法就是将公司会计人员所记录的公司资产和负债的历史价值与它们的市场价值等同起来，通过资产负债表加总所有发行在外的证券的账面价值来得到公司价值。市场价值法是通过加总公司发行在外的各种证券的市场价值来评价公司的价值，其理论基础是有效市场假设，也就是说公开交易证券的价格准确地反映了相应公司的价值。直接比较法是通过与价值已知的可比公司的比较来评估一个公司的价值，这里可比公司的选择是关键，可比公司可能是最近刚刚公开出售的，

---

① 布瑞德福德·柯内尔. 公司价值评估——有效评估与决策的工具 [M]. 张志强，王春香，译. 北京：华夏出版社，2001：7.
② 理查德·A. 布雷利，斯图尔特·C. 迈尔斯. 公司财务原理 [M]. 方曙红，范龙振，陈宝群，译. 北京：机械工业出版社，2004：743.

也可能是可以直接利用市场价值法或其他方法进行评估的。综合加权估值倍数模型法的思路是，在缺乏未来成长性、收益不确定性的正确预测条件下，市盈率只是从相对盈利性角度对可比公司进行比较的一个指标或参数，最多是相对盈利性角度所依赖的价值尺度之一。为了全面评估可比公司的相对价值，必须设计出其他估值倍数，对可比公司的相对价值进行综合评价。折现现金流量法具有完备的财务经济学基础，在实践中得到广泛的应用，该方法是通过预测公司未来将获得的现金流量，然后将这些现金流量按照一定的折现率折现，结果就是公司证券持有人所拥有的价值。该方法尽管在许多教科书上也有介绍，让人觉得该方法好像很简单，也很容易，实际上，要真正用好该方法，需要严谨的范式和认真的思考，这样才可以揭示公司价值更多的方面。

（2）刘淑莲（2004）提出，在一个经典的 M&M（莫迪格利安尼和米勒）世界里，企业价值表现为未来预期自由现金流量的现值，即企业自由现金流量（free cash flow to firm，FCFF）基础的评估模式。这是一个客观存在、动态变化的价值，主要取决于资产负债表外的价值驱动因素。在过去的半个多世纪里，这种方法一直为理论界所推崇。直到 1989 年，美国罗伯特·S. 卡普兰（Robert S. Kaplan）与戴维·P. 诺顿（David P. Norton）在研究企业经营业绩评价指标体系——平衡计分卡时，以全新的视角提出了企业价值的驱动因素，其基本模式为：企业价值 = 产品/服务 + 形象/声誉 + 客户关系。

（3）汤谷良和杜菲（2004）采用拉帕波特（1986）的自由现金流量贴现模型阐述公司价值的数量表示。该模型作为战略分析的工具，虽然无法用来评估历史业绩，但可以将远期的预测绩效转换成一个简单的结果，可以评估整个公司或业务单元的战略、机会和价值。模型的表述为（阿尔弗洛德·拉帕波特，2002）：

$$公司价值 = 预测期内的 FCF 现值 + 终值$$

$$\begin{aligned}预测期内每年\\经营现金流\end{aligned} = 上年销售收入 \times \left(1 + \frac{销售}{增长率}\right) \times \frac{营业}{毛利率} \times \left(1 - \frac{现金所得}{税税率}\right) - \begin{aligned}固定资产及营运\\资本投资增加额\end{aligned}$$

$$营业毛利率 = 息税前营业利润/销售收入$$

$$固定资产投资增加率 = \frac{资本支出 - 折旧费用}{销售收入增加额}$$

$$终值 = 预测期结束后下一年的现金流/加权平均资本成本$$

如假设预测期结束后扩张型投资仍然能够带来超过资本成本的收益，且税后营业利润的预期永续增长率为 g，则终值转化为（科普兰·科勒·默林，2002）：

$$终值 = \frac{预测期结束后下一年的息前税后净营业利润 \times （1 - 再投资率）}{加权平均资本成本 - g}$$

$$再投资率（每年固定资产及营运资本投资增加额占息前税后净营业利润的比例） = \frac{g}{新投资净额的预期收益率}$$

（4）何涛和陈晓（2003）提出用累计超常收益计量企业价值。其计算方法为：

首先，用市场模型来估计正常回报：$E[r_{i,t}] = \alpha_i + \beta_i r_{m,t}$

其次，个股的单日超常回报（abnormal return）为：$AR_{i,t} = r_{i,t} - E[r_{i,t}]$

最后，计算个股在事件窗口内的累计超常回报（cumulative abnormal return）：$CAR_i = \sum_{t=-T}^{T} AR_{i,t}$

从本书收集的资料看，几乎没有令人满意的企业价值概念及其计量方法。计算或给出企业价值的办法，往往是通过某些间接方式实现对企业价值的衡量。例如，利润、利润率、经济增加值（EVA）以及现金流投资回报率（CFROI）等。国外用于评价企业价值较多的是 TobinQ 指标，国内亦如此，如孙永祥和黄祖辉（1999）、汪辉（2003）、张军和王祺（2004）、沈洪涛（2004）等。吴波和刘峰反对在我国用 TobinQ 指标作为企业价值的衡量指标，他们认为 Q 值起源于西方有效的证券市场环境中，而我国股票市场缺乏效率，投机盛行；股权结构复杂，无法确定非流通股的市场价值；市场缺少套利机制。到目前为止，国内尚未有统一的评价企业价值的指标。除单一指标外，一些学者也提出用综合指标来衡量企业价值的方法。为保证数据的一致性，本书认为采用 TobinQ 指标相对较好。

（三）企业价值相关理论分析

当前，对企业价值的认识以及影响因素理论大致可以分为两种：企业价值的经济价值观、企业价值的社会利益观。这两种观念的产生与人们对企业本身的认识和理解有关。

（1）企业价值的经济价值观。企业价值的经济价值观认为经济价值是衡量企业成功的唯一标准，企业经营的目标就是为了实现经济价值的最大化，而不必考虑企业的社会责任。这种观点是对企业价值的主流认识，长期以来一直占据统治地位。

这种将企业与其所存在的社会孤立开来的价值观根植于传统的企业理论。在传统观念中，企业是作为一个生产函数而存在的。马歇尔在其"四位一体"的要素理论中，将企业描述成利用劳动、资本、土地、企业家才能生产产品和提供服务的生产函数。因而，企业最为重要的功能莫过于通过资源的有效配置，以最小的投入换取最大的产出。这种认识撇开了社会生产关系和经济体制，单纯从生产技术角度来分析企业，最终将企业抽象为"生产函数的实现者和载体"，是将确定的要素投入转换为产品产出的"黑箱"。要素的投入构成企业生产的成本，而产品的产出则构成企业生产的收入，收入和成本配比的结果便是企业的利润，因而，利润最大化成为企业最终追求的目标。

这种只顾自身经济责任，而不考虑企业社会责任的企业就是有着200年历史的"自由企业"。伊尔斯（Eells）将这种传统的自由企业作为与大型责任企业相对的企业，放置在其社会责任连续带的不同位置，以突出其与现代公司之间的差别。米尔顿·弗里德曼（Milton Friedman）认为企业只有一个、唯一的一个责任，那就是在游戏规则允许的范围内利用其资源并从事能增加其利润的经营活动，企业承担社会责任将会降低其经济价值。

阿尔钦和德姆塞茨（Armen Alchian and Harold Demsetz，1972）认为企业作为一种特殊的契约安排，其与市场契约的主要区别在于企业的团队生产方式。当集体中多人同时进行一种产品的生产时，对每个成员的贡献进行量度的成本十分高昂，而且在很多情况下也是很难实现的。因而，自利的成员便有了偷懒的动机。为了减少成员的偷懒行为而提高企业绩效，企业必须有专人进行监督和管理。然而，监督者的监督问题也依然十分重要。继续派员对监督者进行监督的方式将导致企业陷入无限层委托代理关系，信息成本高昂。因而团队生产的有效性关键在于寻找并激励专门监督人，而拥有剩余索取权和剩余控制权是对专门监督人最有效的激励。同时，阿尔钦和德姆塞茨进一步认为，物质资本所有者是最合适的监督者，从而企业所有权应由投资者享有。

于是，企业价值就等同于股东价值或股东财富。在企业价值的经济价值观下，企业经营的唯一目标就是实现股东财富最大化。

（2）企业价值的社会利益观。企业价值的社会利益观认为企业价值行为不仅应考虑股东利益，还应该考虑与企业相关的其他利益相关者的利益，如员工、消费者、供应商、社会公益团体，甚至于环境及子孙后代等。也即企业价值是企业为所有利益相关者创造的价值之和。企业价值的社会利益观得到了众多理论的支持，这些理论包括社会责任理论或企业伦理理论、契约理论以及利益相关者理论等。

企业价值的社会利益观最早根植于社会责任理论（corporation social responsibility，CSR）和企业伦理理论（Business Ethics）。1932 年，多德（Dodd）在《哈佛法学评论》撰文指出，"公司仅在有条件的意义上是私有产权，社会可能会要求其适当的承担社会责任，即使企业所有者的财产权因此而受损。这种社会责任主要是保护与之交易的主体的利益，不论该主体是雇员还是顾客"。公司社会责任是其公民地位的基础。既然公司被看作是独立的"法人"，就应该承担公民肩负的责任，而不应该仅限于对股东的"受托责任"。

四、制度环境

（一）制度环境内涵

最早以制度观点解释经济现实的学者可以追溯到亚当·斯密，其著名的"看不见的手"实质上描述了一种经济体制状态，强调了自由市场经济制度建立的重要性。他认为正确的制度应该是关注到整个经济发展的诸多因素，例如，生产技术、政治和法律因素等等。马克思在《资本论》中也阐述了当生产关系不适应生产力发展时，就会迫使旧的生产关系解体，新的生产关系才会建立起来，以推动生产力的进一步发展。科斯（Coase，1937）在其著名的《企业的性质》中指出，企业制度的建立是为了节省交易成本，即制度的选择和变化是为了寻求最优的成本，使其交易费用最低。凡勃仑（1983）认为制度必须随着环境刺激的变化而变化。因为就其性质而言，它就是对这类环境引起的刺激发生反应的一种习惯方式。制度的发展也是社会的发展，它通过沉淀于人类理性之中而形成一种惯性方式，但随着环境的不断变化，制度也会相应地进行回应而发生改变直至新的制度产生。史密斯·库兹涅茨（Simith Kuznets，1989）也意识到制度调整对经济增长的重要作用，要使经济增长突破原有框架，就必须有相应的制度作为保障。总之，制度是一种规则，是为了保障经济发展的一种机制，当不合理的制度阻碍了经济的发展，那么制度变迁就是必要和及时的。

制度是经济社会发展的必要条件，各种静态或演变的制度构成了制度环境。制度环境最初由戴维斯和诺斯（Davis and North，1970）在研究《制度变迁和美国经济增长》时提出，他们把制度环境定义为"用来管理经济政治活动的一系列基本的政治、社会和法律基础规则"。企业的制度环境可以分为正式制度环境和非正式制度环境（North，1990）。正式制度可以为企业活动提供秩序，但正式制度的约束只是制度环境约束的一部分，其影响范围较为恒定，而非正式性制度约束却是普遍存在的（Peng and Luo，2000）。也有学者把企业的制度环境分成企业内部的制度环境和外部制度环境（吴先明，2011；周建等，2009）。其中，内部制度环境，由结构、标准和过去设立的做法所构成（Meyer and Rowan，1977），最根本的内部制度是关于公司治理的安排（周建等，2009）；外部的制度环境是一系列政治、社会和法律规则，是地区正式制度和非正式制度对经济产生影响的因素总和（周建等，2009），由其他组织如供应商、客户、竞争者和监管机构所构成（DiMaggio and Powell，1983）。

到目前为止，学者们主要研究经济发展与制度、制度变迁之间的关系。本书基于国有企业的特定环境，尝试从制度层面探讨其对国有企业股利政策、股利政策与企业绩效等方面的影响，进而寻找国有企业分红制度创新的路径。

（二）制度的测量

由于制度存在不同的含义和用法，制度的测量和评价也具有不同的方式和特点。作为一个复杂和广泛的概念，制度的量化是制度研究的一个难点问题。总结战略管理领域中的制度研究，对制度的测量主要从两种角度出发，一是从经济学的角度，采用客观的正式制度和非正式制度指标作为制度环境的代理指标。二是从组织社会学的角度，主要根据斯科特（Scott）的规制、规范和认知三维度进行主观测量。

组织管理研究中制度指标主要来源于经济学研究中对制度的测量。制度质量能够反映一国或地区的经济社会环境状况，并决定经济绩效和经济增长。制度质量的高低一般是采用国际组织所量化和披露的代理指标进行评价。例如，世界银行每年公布的腐败控制等相关指标、透明国际组织公布的清廉指数用来测量各个国家和地区的腐败程度。加拿大弗雷泽研究机构每年公布的经济自由度指数涵盖了法律结构和产品保护、政府规模、对外贸易自由度等五方面，用来衡量各国的经济自由程度。经济自由度指数是应用非常广泛的综合衡量一国正式制度质量的指标（罗小芳和卢现祥，2011）。国内研究广泛应用的制度代理指标是由樊纲等人编写的市场化指数，该指数测度了各省区市的市场化进程，包括政府与市场的关系、产品市场的发育程度、法律制度环境等五方面，这也是本书选取的衡量制度环境的主要标准。

第六节 研 究 内 容

本书共分为 5 个部分。第一章为绪论。分别从研究背景、研究意义、研究现状、相关概念及理论分析、研究内容和研究方法等方面梳理分析评价国内外学者的研究成果，明晰本书的内容和整体框架。第二章为制度环境下的可持续增长与国有企业分红。本章从制度环境的角度研究国有企业分红的影响因素，分别从我国国有企业分红的制度环境、制度环境下的国有企业分红与企业价值、可持续增长下的国有企业分红机制和国有企业分红、可持续增长与公司业绩四方面探索我国国有企业分红面临的制度环境，在这一制度环境下国有企业分红和企业价值之间的关系，并从可持续增长角度，分析了我国国有企业分红机制和国有企业分红与公司业绩之间的关系。第三章为生命周期、终极人控制、政治关系与国有企业分红。本章从生命周期、终极人控制、政治关系的角度探索了这些因素对国有企业分红的影响。第四章为国有企业分红影响企业价值的机制研究，从国有企业分红是否能抑制企业相应代理成本、提升信息质量的角度来探讨国有企业分红对企业价值的影响机制。第五章为研究结论与建议。基于可持续增长角度，考虑企业所处的不同制度环境，提出了完善国有企业分红提升企业价值的政策建议。

第七节　研究方法

　　本书综合运用规范研究和实证研究方法，既重视对制度、可持续增长、股利支付与企业业绩之间关系的规范分析，又注重应用经验数据、回归分析对股利支付选择（包括支付方式、支付率等）的依据进行实证研究，考察制度环境、可持续增长、企业业绩、公司治理因素以及资本运作对股利支付选择及其结果的影响。

第二章
制度环境下的可持续增长
与国有企业分红

第一节 可持续增长背景下我国国有企业 分红的制度环境分析

中共十八届三中全会报告里提出"提高国有资本收益上缴公共财政比例，2020年提高到30%，更多用于保障和改善民生"。报告从制度层面对国有企业分红比例提出了新要求。

但目前我国国有企业总体分红比例较低，2018年实际分红率为16.1%，非金融国有企业只有5.8%，在国际比较中显著偏低。我国虽然自2007年以来初步建立起国有资本经营预算体系，重启国有企业上缴利润制度。然而，国有企业上缴的利润大部分仍用于国有企业，包括解决历史遗留问题及改革成本支出、国有企业资本金注入、国有企业政策性补贴等。

随着中共十八届三中全会提出"提高国有资本收益上缴公共财政比例"的要求，以及配套政策的不断完善，宏观制度背景对国企分红的影响越来越重要。因此本书不仅单纯地依赖企业微观层面，而且更多关注企业所处的宏观制度环境。

一、可持续增长与国有企业分红理论分析

公司永远需要股利政策，良好的股利政策对于树立企业形象、增强投资者对企业的信任度均有很大帮助，更进一步，会对资本市场企业的股票价格和企业价值产生深远的影响。然而长久以来，中国上市公司现金股利发放率低，并且缺乏稳定性和持续性的问题广受社会各界诟病。国有企业分红是股利政策在我国国有企业中的表现形式。经济合作与发展组织（OECD）公布的《OECD国有企业公司治理指引》（2015修订版）中提出"在国有企业的目标设置上应充分考虑国家股东、公共服务，甚至就业保障之间的平衡"。因此，在制定国有企

业的股利政策时，既要考虑国家股东的利益，也要考虑企业的可持续发展。所谓企业可持续增长就是指企业在追求长久发展的过程中，既要考虑经营目标的实现和市场地位的提高，又要保持企业在未来发展过程中始终保持持续的盈利增长和能力的提高，保证企业在相当长的时间内可以永续发展下去。企业的可持续增长一直是企业非常重要的财务战略，是企业维持生存发展最关键的问题。希金斯和范霍恩基于会计口径分别提出了财务的可持续增长模型；拉巴波特和科雷基于现金流口径也相继提出了财务的可持续增长模型。而在前述的四个模型中，可持续增长均与财务分配政策联系在一起，可见，二者间存在一定的关联。

具体来说公司在制定股利政策时，必须充分考虑股利政策的各种影响因素，从保护股东、公司本身和债权人的利益出发，才能使公司的收益分配合理化。从内部因素来看影响股利政策的主要有投资机会、偿债能力、变现能力、资本成本、投资者结构和股东对股利分配的态度等因素。从外部因素来看，主要有宏观经济环境、通货膨胀、市场的成熟程度等因素。当前也有一些学者从可持续增长的角度探索了国有企业分红的影响因素。

陈文浩和朱吉琪（2004）研究表明：增发新股对企业当年的可持续增长能力有显著的正面影响，但是对企业未来的可持续增长却是负面的影响。上市企业未来的可持续增长主要还是由通过增发新股、投资项目资产报酬率的高低以及公司的财务政策来决定。考虑到企业的生命周期理论，他们认为在公司没有更好的投资机会的时候，把钱分配给股东，让股东自己决定再投资。所以处于创业期和成长期的公司可以把利润留在企业中使可持续增长率得到增加，而处于成熟期和衰退期的公司在没有找到新的增长点的时候更多的是发放股利，因为，此时公司并不需要太高的可持续增长率来支撑公司的平稳发展。李冠众（2005）对我国派现上市公司的可持续增长问题进行了实证检验，认为我国派现行为与可持续增长因素有较低的相关性。我国上市公司在未来增长速度较快、内部资金比较紧张的状况下仍然坚持分派股利甚至高派现，这说明上市公司派发股利行为与可持续增长存在较低的相关性，也同时反映出我国上市公司财务决策、控制水平普遍偏低的状况。高秋玲和宋献中（2006）通过对股利分配影响因素进行实证分析，检验了公司可持续增长管理对股利分配的影响作用，结论是资源紧张的情况下公司现金股利支付水平比在资源闲置的情况下要高，这一结果与可持续增长管理理论存在差异。他们将此差异产生的原因归结于我国国有企业过度依赖负债或权益筹资的现象和管理层——股东的代理成本问题。关于可持续发展对国有企业分红的影响，汪平（2008）认为我国国有企业分红制度中应把可持续发展能力作为最重要的因素。杨汉明（2009）实证分析了可持续增长与国有企业分红以及可持续增长、国有企业分红与企业业绩的相关关系。实证研究表明，股利支付率与可持续增长正相关但不显著，国有企业业绩与可持续增长率、股利支付率指标之间显著正相关，这表明了国有企业业绩的提升与合理的股利政策和可持续增长率有关，这为国有企业分红提供了一些经验上的证据。张永欣和马广烁（2013）认为如果企业能根据自身所处的生命周期采取不同的现金股利政策，将有助于企业的可持续成长。卢雁影、赵双和王芳（2014）研究发现大部分国有企业并不具有充足的自由现金流来支付现金股利，这种情况在国有企业不同的生命周期中表现不尽相同，当国有企业处于成熟期时，其可持续增长率与现金股利呈现显著负相关的关系。

二、制度环境与国有企业分红的理论分析

我国经过40多年的改革开放，地区与地区之间的制度环境各不相同，这为本书研究制度环境对公司内部决策影响提供了较好的视角。制度环境对企业制定现金股利政策会产生什么影响？法与金融理论认为，不同的制度背景下公司内部决策影响因素的效果会有所差异。拉波特等（La Porta et al.，2000）发现制度环境对股利政策影响显著。如果法律对中小股东保护不力，公司控制人通过金字塔结构等间接持股方式以较小的现金流权获得公司的实际控制权，此时公司的实际控制人更有可能从公司转移资产或利润，"掏空"上市公司并侵害中小股东利益。而在制度环境较好的地区，由于市场活跃、法律监管及执行较严，实际控制人采用其他手段"掏空"成本较高，而现金股利分红既可以满足监管层的期望，又可以实现利益共享。

而制度环境对国有企业分红的影响是学者们着重关注的问题。法律制度等宏观制度环境的差异会显著影响到企业的股利行为。事实上，制度环境和公司治理环境对企业的股利政策影响是非常明显的。制度环境对企业股利分红的研

究中拉波特等（2000）提出了法与金融理论范式，它的研究表明：法律环境、市场监督、制度保护对企业的股利发放产生了重大的影响，在一定程度上而言，股利政策是法律对投资者保护所产生的结果，越强的制度监管与法律约束会产生越有利于中小股东的股利政策。布罗克曼等（Brockman et al.，2014）在研究中使用了来自 24 个国家公司的国际样本，并对执法期间的案例进行研究以检验核心假设：在内幕交易法律薄弱的国家经营的公司，试图通过承诺支付大量稳定的现金股息，来缓解这种制度上的弱点。结果表明，薄弱的内幕交易法律导致更高的支付股息的倾向，更大的股息数额和更大的股息平滑。结果还表明，当内幕交易保护较弱时，市场对股利支付的估值明显较高。相似的研究结果还有克劳迪乌和玛丽莲（Claudiu and Marilen，2014）通过敏感性分析得出结论，当投资者保护程度高时，现金需求在解释股利支付时更重要；当投资者保护不足时，企业似乎更为重视流动性。

国内方面，雷光勇和刘慧龙（2007）以 2000～2002 年上市公司为样本，发现在市场化程度越高的地区，民营上市公司越偏好发放更多现金股利，国有企业这种偏好则不显著。他们认为这是因为在市场化进程不一的地区，现金股利与其他"掏空"手段的成本各有千秋，因此控股股东会相机选择是否发放及发放多少现金股利。程敏（2009）通过研究发现，有效的市场监督、严格的法律环境能显著提高公司的现金股利支付水平。2007 年《国务院关于试行国有资本经营预算的意见》颁布了强制性分红制度，是国有企业和国家股东双方进行博弈的结果。该方案实行的意图是为避免国有企业盲目投资导致国有资源流失。即国有企业分红的政策意义在于抑制国有企业过度投资和让国有企业特有的资源禀赋最大限度地发挥出来从而进一步提升国有企业价值。关于制度环境，我国主要是从两个方面来进行度量，一方面，金玉国（2001）从宏观环境角度来度量制度，如产权制度变迁、市场化程度提高、分配格局变化和对外开放；另一方面，则是从治理环境方面来衡量制度环境，如金融发展程度、法治水平、市场化进程等。

（一）法律制度与国有企业分红

上市公司所在地区的法治水平越完善，则倾向于支付更高的现金股利。夏立军和方轶强（2005）的研究表明，法律保护、市场竞争等是企业所处最为基础的层面，会对公司的治理效率产生影响。樊纲和王小鲁（2004）认为我国不同上市公司所在地区的执法水平存在很大的差异，国有企业由于受到政府干预，因此面临满足政府预期的压力。而股利政策则成为国有企业内部人满足其资金选择的一个占优选择。这种做法的后果是上市公司其他股东的利益受到了侵害。但是随着法律保护程度的提高，对其他股东利益侵害的难度和成本也将加大。同时，2007 年强制性分红制度有效建立的目的，是为了抑制国有企业的过度投资，一方面，有利于促进企业的发展；另一方面，由于具有一定的行政色彩，国有企业会从监管要求和自身发展两面考虑提高股利支付。

（二）金融发展水平与国有企业分红

金融体系的发展对于企业的融资具有十分重要的意义。作为三大基本财务活动之一，股利政策是企业融资活动的一个重要的补充。周立和王子明（2002）认为不同地区的金融发展水平不一样，地区的金融发展水平呈现出很大的差距。一个地区的金融发展程度越高，银行就能够更加有效地获得和传递有关借款的相关信息，从而以更好的价格为企业提供贷款。但是上述讨论成立有一个非常重要的前提条件，银行的信贷完全根据市场情况由银行自行决策，而不受到政府部门的相关控制。但是事实上，我国的国有银行常常受到地方政府控制，尤其是对于国有企业的贷款。一个地区所处的金融发展程度越低，越容易受到地方政府的行政干预，当地的国有企业则倾向于获得较多的银行贷款，则将有更多的资金用于支付股利；相反，一个地区的金融发展程度越高，银行受地方政府的行政干预越少，银行将配置更多的资金给非国有企业，则国有企业获得的贷款越少，就越需保留企业留存收益，因此现金分红越少。

（三）对投资者保护的程度与国有企业分红

对投资者提供有效的保护可以降低代理成本，并且是公司财务中很重要的方面。对投资者保护的程度是一个国家资本市场发展中的一个重要决定因素。对投资者保护的法律制度越健全并且法律实施的越有效，投资者就越愿意对公司进行投资，资本市场也就越有投资价值；相反，如果对投资者的法律保护不充分，资本市场的发展也就越迟缓。在投资者保护程度较差的国家，公司股权一般比较集中。而在投资者保护程度较好的国家，有利于提高资源配置效率和提高经济增长速度，因此企业价值也相对较高。

第二节　制度环境下的国有企业分红与企业价值

制度是一个相当广义的概念，可以包括从法律到文化等很多内容。道格拉斯·诺斯（1991）认为制度是一系列被划定出来的规则、系统程序和行为的道德理论规范，旨在约束追求主体或效用最大化利益的个人行为。他还指出，制度变迁是制度创立、变更及其随时间变化被打破的方式，制度变迁构成经济增长的源泉。对于一些外部环境，如法律环境、市场竞争程度等，规范性研究都认为其会对处于该环境中的企业行为产生影响。在实证性研究中，拉波特、R. 洛佩兹 – 德 – 西兰斯、F. 施莱弗、A. 维什尼（La Porta，R.，Lopez-de-Silanes，F.，Shleifer，A.，Vishny，R.，1997）开创性的用打分的方式对法律环境进行了评价衡量，形成了"法与金融"理论。随后不少学者做了更深入的研究。国外学者在现有研究中使用的制度环境数据主要来自拉波特（1997；1998）的方法自行计算。如在制度变量中，诺思和托马斯（North and Thomas，1973）及诺思（1981；1990）用产权保护解释经济绩效制度指标。我国关于制度环境主要是从两个方面来进行度量，第一，从宏观环境角度来度量制度，如产权制度变迁、市场化程度提高、分配格局变化和对外开放。第二，则是从治理环境方面来衡量制度环境，如金融发展程度、法治水平、市场化进程等。并且国内学者的研究多是用樊纲和王小鲁编制的《中国市场化指数——各地区市场化相对进程报告》中的市场化指数、政府干预指数、法治水平指数来衡量。

我国国有上市公司是由国有企业改制而来，为了维护公有制经济的主体地位，国有上市公司大都采用国有绝对控股和相对控股的形式。但国有企业真正的主人是广大人民群众，由此造成的"所有者缺位"现象严重。此外国有企业改革由于不够彻底，导致国有上市公司的行政色彩非常浓厚，很多国有企业的单位负责人仍是由地方政府任命，导致国有企业成为地方政府发展地方经济和实现地区公共目标的手段。在国有企业改革的过程当中，政府对国有企业的补贴经历了财政补贴、银行贷款和股市融资的过程。其中股市融资的约束是最软的，随着国有企业控制权的加大，通过留存利润分配来实现自身目标变成了一种控制企业资金的非常灵活的方式，此时国有企业分红制度的发展已经不能单纯地依赖企业微观层面，而应更多地关注企业所处的宏观制度环境。事实上，近年来，学者们也开始更加关注外部宏观环境对国有企业分红制度的影响。拉波特（2000）建立了法与金融理论范式，通过对比研究法律保护、市场监管等环境因素对股利政策的影响发现，公司的股利政策，一方面是内部人和投资者博弈的结果；另一方面反映了公司法律保护和内部治理效果。

上述研究表明，法律制度等宏观制度环境的差异会显著影响企业的股利行为。事实上，制度环境和公司治理环境对企业的股利政策影响是非常明显的。在近几年有关股利分配代理理论研究的进展中，最重要的突破就是从法律角度来研究股利分配的代理问题。其主要研究结论有三条：一是股利分配是法律对股东实施有效保护的结果。即法律使得小股东能够从公司"内部人"那里获得股利；二是法律不健全的情况下，股利分配可以在一定程度上替代法律保护。即在缺乏法律约束的环境下，公司可以通过股利分配这一方式，来建立起善待投资者的良好声誉；三是受到较好法律保护的股东，愿意耐心等待当前良好投资机会的未来回报，而受到较差法律保护的股东则没有这种耐心，他们为了获得当前的股利，宁愿失去良好的投资机会。程敏（2009）研究发现投资者法律保护、市场监督、信息披露等公司质量环境因素对现金股利政策有着显著的影响。王敏（2011）认为市场制度安排上的内在缺陷、历史原因造成部分上市公司的先天不足、经济发展状况以及法律环境对公司的股利政策具有显著影响。另外，2007年《国务院关于试行国有资本经营预算的意见》颁布了强制性分红制度，是国有企业和国家股东双方进行博弈的结果。该方案实行的意图是为避免国有企业盲目投资导致国有资源流失。即国有企业分红的政策意义在于抑制国有企业过度投资和让国有企业特有的资源禀赋最大限度地发挥出来从而进一步提升国有企业价值。

基于制度环境、国有企业分红与企业价值的理论分析提出假设：

H1：国有企业分红与企业价值正相关；

H2：国有上市公司所处地区的法治水平越高，其派发的现金股利越高；

H3：国有上市公司所处地区的市场化进程越高，其股利支付水平越高；

H4：国有上市公司地区金融发展水平与现金分红负相关；

H5：基于制度环境改善的国有企业分红与企业价值正相关。

一、设计思路

本书选取了上海和深圳两市 A 股 2008～2018 年有能力进行现金分红的非金融保险类 1 243 家上市国有企业共 8 974 个观测值，来考察国有企业现金分红政策与企业价值的相关关系。并参考刘芍佳、孙霈和刘乃全（2003）及夏立军、方轶强（2005）关于"终极控制人"的理论来选择区分国有企业样本。

企业样本中的企业特征数据来源于国泰安 CSMAR 数据库，而制度环境数据基于王小鲁等（2017）发布的 2008～2014 年全国市场化指数。由于该指数只公布到 2014 年，所以本书借鉴戚聿东和肖旭（2017）的做法，利用 Excel 表格的 FORECAST 函数模拟了 2015～2018 年的全国市场化指数，包括 31 个省、自治区和直辖市。市场化指数包括五个方面：第一，政府与市场的关系；第二，非国有经济的发展；第三，产品市场的发育；第四，要素市场的发育；第五，市场中介组织和法律制度环境。每个指数下面，包括若干分项指标，而在有的分项指标下面还有二级分项指标，最后一级的分项指标为基础指标。第三方面"产品市场的发育"程度、第四个方面下的第一方面的第一个二级指标"金融业的市场化"，以及第五方面指标"市场中介组织发育和法制环境"下的第一个二级指标"市场中介组织的发育"与本书要研究的制度环境相关。分别代表不同地区的市场化发育程度、金融深化程度以及法治水平。

本书以 TobinQ 作为企业价值的被解释变量，而将每股现金股利（DPS）和制度环境变量（Institution）以及制度环境虚拟变量（Ins_dum）作为解释变量，同时引入现金流状况指标、公司规模、资产负债率、第一大股东持股比例等相关控制变量来控制国有企业分红的其他影响因素，并使用年度哑变量（Year_dum）和行业哑变量（Ind_dum）来减少年度和行业差异对回归结果的影响。

为了验证国有企业分红与企业价值，本书构建多元回归模型（2－1）：

$$\text{TobinQ} = \beta_0 + \beta_1 \text{DPS} + \beta_2 \text{Cash/A} + \beta_3 \text{Debt\_R} + \beta_4 \text{Size} + \beta_5 \text{TOP1}$$
$$+ \beta_6 \text{Year\_dum} + \beta_7 \text{Ind\_dum} + \varepsilon \qquad (2-1)$$

为了验证制度环境对国企分红制度的影响，本书构建模型（2－2）：

$$DPS = \beta_0 + \beta_1 Institution + \beta_2 Cash/A + \beta_3 Debt\_R + \beta_4 Size + \beta_5 TOP1$$
$$+ \beta_6 Year\_dum + \beta_7 Ind\_dum + \varepsilon \qquad (2-2)$$

为了验证在制度环境改善的基础上，现金分红政策的提升是否有利于提升企业价值，本书在上述模型的基础上，增加股利政策与制度环境的交乘项 DPS × Ins_dum 来构建模型，具体模型为（2-3）：

$$TobinQ = \beta_0 + \beta_1 DPS + \beta_2 DPS \times Ins\_dum + \beta_3 Cash/A + \beta_4 Debt\_R + \beta_5 Size$$
$$+ \beta_6 TOP1 + \beta_7 Year\_dum + \beta_8 Ind\_dum + \varepsilon \qquad (2-3)$$

其中，β_0 为回归模型常数项，β_t 为各解释变量估计系数（t = 1，2，3，…，8），ε 为误差项。

二、研究及分析过程

（一）变量说明

为清晰起见，将相关的变量及其计量方式列示于表 2-1 中。

表 2-1   回归变量说明

变量名称				变量释义
被解释变量	TobinQ		企业价值	（流通股 × 每股收盘价 + 限制性流通股 × 每股净资产 + 负债面值）/总资产账面价值
解释变量	DPS		股利支付水平	DPS = 发放现金股利总额/总股本
	Institution	Market	制度环境	市场化发展程度	包括 Market，Law，Finance 三个变量，分别选取市场化指数中的产品市场发育程度指数、市场中介组织的发育以及金融业的市场化指数
		Law		法治水平	
		Finance		金融发展程度	
	Ins_dum		制度因素虚拟变量	地区市场化指数高于中位数的企业取 1，否则取 0

变量名称		变量释义
控制变量	Cash/A　现金相对持有量	Cash/A = 货币资金/资产总额
	Size　公司规模	Size = 总资产的对数
	Debt_R　债务约束	Debt_R = 负债总额/资产总额
	TOP1　第一大股东持股比例	TOP1 = 第一大股东持股数/总股本
	Year_dum　年度哑变量	根据年份设置了 Year08_dum、Year09_dum、Year10_dum，以 Year08_dum 为例，2008 年取 1，其余年份取 0
	Ind_dum　行业哑变量	行业哑变量，按照中国证监会对企业的分类标准，分为 13 类行业。在剔除金融保险类企业后，设置 11 个行业哑变量。如以制造业为基准，则制造业取 1，其他行业取 0。

（二）描述性统计与相关性分析

（1）描述性统计特征。将被解释变量、解释变量、控制变量等的均值、中位数、最大值、最小值等列示于表 2 - 2 中。

表 2 - 2　　　　　　　　　　变量描述性统计

变量	观测值	最小值	最大值	中位数	平均值	标准差
TobinQ	8 974	0.9069	10.7951	1.5017	2.6402	1.7112
DPS	8 974	0.0000	1.7724	0.0513	0.0801	0.1543
DPS × Ins_dum	8 974	0.0000	1.4007	0.0000	0.0581	0.1271
Cash/A	8 974	0.0000	0.8965	0.1461	0.1578	0.1451
Debt_R	8 974	0.0329	0.9734	0.5321	0.5368	0.1812
Size	8 974	19.4747	25.5271	22.215	21.6936	1.2096
TOP1	8 974	3.6241	88.4106	40.1206	41.7221	17.124
Market	8 974	5.0100	11.6997	9.774	9.0277	1.1176
Finance	8 974	2.5200	13.0075	8.911	8.1541	1.8876
Law	8 974	1.8500	18.6332	7.2401	7.4473	3.3571

表 2 - 2 中最后 3 个变量分别列出了各地区的制度环境变量，包括市场化发展程度、金融发展程度以及法治水平，其中 Market 的最小值为 5.01，最大值为 11.6997；Finance 的最小值为 2.52，最大值为 13.0075；Law 的最小值为 1.85，最大值为 18.6332。同时，各个制度环境变量的标准差较大。从中可以发现，各地区各个年度的制度环境差异很大，这为本书考察制度环境对股利政策的影响提供了有利条件。现金相对持有量 Cash/A 从最低的 0.0000 到最高的 0.8965，差异较大，从而导致国有企业分红水平出现差异（现金股利支付额从 0 ~ 1.7724）。从资本结构看，资产负债率均值为 53.68%，国际上一般公认不高于 60% 的资产负债率比较好，所以我国国有控股上市公司资产负债率均值表现较好，但是波动范围较大（3.29% ~ 97.34%）。第一大股东持股比例 TOP1 从 3.6241% ~ 88.4106%，由于本书区分国有企业与民营企业的依据主要是根据刘芍佳、孙霈和刘乃全（2003）及夏立军、方轶强（2005）关于"终极控制人"的理论来划分的，所以处于 50% 比例以下的国有企业也是报告考察的对象。

（2）相关性矩阵。为便于分析，将变量之间的相关系数表列示于表 2 - 3 中。

表 2 - 3 变量相关系数

变量	TobinQ	DPS	Market	Law	Finance	INS_dum	Cash/A	SIZE	Debt_R
TobinQ	1.000								
DPS	0.054**	1.000							
Market	−0.0511	0.311**	1.000						
Law	−0.075	−0.027*	0.132***	1.000					
Finance	−0.011	−0.023	0.163***	0.754***	1.000				
Ins_dum	−0.064	0.007	0.121***	0.524***	0.846***	1.000			
Cash/A	0.178***	0.077***	−0.043	0.056*	0.071**	0.066***	1.000		
Size	−0.329***	0.216***	0.157***	0.067	0.112***	0.132***	−0.061***	1.000	
Debt_R	−0.221***	−0.076***	−0.013	0.031	−0.029	−0.071*	−0.236***	0.317***	1.000
TOP1	−0.371***	0.121***	0.321***	−0.011	0.015	0.074***	0.021	0.325***	−0.021

注：***、**、* 分别表示在 1%、5% 和 10% 的水平上显著。

从统计学上分析，自变量之间的相关系数在 0.6 以下时，用这些自变量进行回归就能够避免多重共线性问题的产生，从而对回归结果不会造成影响。从表 2 - 3 中可以看出，除了法治水平 Law 和金融发展水平 Finanace 之间的相关系数为 0.754，Finance 与 Ins_dum 之间的相关系数为 0.846 大于 0.6 外，其他变量之间的相关系数均小于 0.6。同时从表 2-3 中还可以看出，企业价值 TobinQ 与每股股利 DPS 之间显著呈现正相关关系；而在制度变量中，每股股利 DPS 与市场发展程度 Market 正相关，法治水平 Law 与金融发展水平 Finance 呈负相关关系，在 3 个制度环境变量中，除了法治水平外，其他均与本书的假设一致。这说明市场越发达，金融发展水平越高，企业倾向于支付更高的股利，而股利政策与企业价值正相关，从而有利于提升企业价值，这也为本书的假设提供了初步的支持。

（3）回归分析。将企业价值与股利政策、制度环境的回归结果列示于表 2-4 中。

表 2-4   变量回归结果

变量	模型 1 （被解释变量 TobinQ）	模型 2 （被解释变量 DPS）	模型 3 （被解释变量 DPS）	模型 4 （被解释变量 DPS）	模型 5 （被解释变量 DPS）	模型 6 （被解释变量 TobinQ）
	系数 （T_value）	系数 （T_value）	系数 （T_value）	系数 （T_value）	系数 （T_value）	系数 （T_value）
C	7.3982 16.1097 ***	-0.7435 -10.6573 ***	-0.6531 -8.6542 ***	-0.7443 -10.6461 ***	-0.6321 -8.8276 ***	6.4321 6.9765 ***
DPS	0.8546 5.3567 ***					0.8873 4.6546 ***
Market		0.0763 10.8443 ***		0.0265 10.4351 ***		
Law		-0.0054 -0.0541	-0.0434 -0.8915			
Finance		-0.0076 -2.5376 **			-0.0652 -2.5461 **	
DPS×Ins_dum						-0.1543 -0.4652
Cash/A	0.5467 3.5462 ***	0.5461 3.6571 ***	0.1156 2.8552 ***	0.1567 3.2678 ***	0.1657 2.8653 ***	0.6454 3.5461 ***
Size	-0.2547 -11.6965 ***	0.0763 9.5476 ***	0.0376 10.3742 ***	0.05421 8.9768 ***	0.0387 10.5343 ***	-0.2435 -11.6657 ***

变量	模型1（被解释变量 TobinQ）	模型2（被解释变量 DPS）	模型3（被解释变量 DPS）	模型4（被解释变量 DPS）	模型5（被解释变量 DPS）	模型6（被解释变量 TobinQ）
	系数（T_value）	系数（T_value）	系数（T_value）	系数（T_value）	系数（T_value）	系数（T_value）
Debt_R	-0.7763 -5.6657***	-0.1763 -4.8743***	-0.1354 -5.2687***	-0.1134 -4.8687***	-0.1334 -5.3865***	-0.7658 -5.6651***
TOP1	-0.0056 3.7254***	0.0043 2.0651**	0.0032 2.0543**	0.0065 1.8454*	0.0021 2.4945**	-0.0053 -3.7167***
Year_dum	Control	Control	Control	Control	Control	Control
Ind_dum	Control	Control	Control	Control	Control	Control
F	43.978***	25.784***	17.643***	28.916***	18.078***	40.653***
AdjR^2	0.245	0.216	0.153	0.177	0.142	0.261
Observations	8 974	8 974	8 974	8 974	8 974	8 974

注：***、**、*分别表示在1%、5%和10%水平上显著。

从表2-4看，模型1的调整 R^2 为24.5%，拟合优度尚可，说明自变量的解释能力较强。F 值为43.978，并在1%的水平上显著，说明回归方程总体有效，具有显著的统计意义。在模型1中，国有企业分红（DPS）与企业价值（TobinQ）之间存在正相关关系，相关系数为0.8546（T=5.3567），在1%的水平上显著。这说明：股利政策与企业价值存在显著的正相关关系。说明公司分配的股利越多，企业价值越大。

模型2、模型3、模型4、模型5检验了各地区的制度环境对国有企业分红制度的影响，检验方法是先将3个制度环境变量放入1个模型中，见模型2。模型2回归结果显示其调整 R^2 为21.6%，F 值为25.784，并在1%的水平上显著，说明回归方程总体有效，具有显著的统计意义，回归结果初步显示，市场发展程度 Market 与每股股利 DPS 呈现正相关关系，并在1%的水平上显著；而地区法治水平 Law、金融业的市场化指数 Finance 与每股股利 DPS 呈现负相关关系。考虑到 Law 和 Finance 之间可能存在多重共线性的问题，本书分别将3个制度变量放入模型当中，见模型3~模型5。在模型4中，市场发展程度 Market 与每股股利 DPS 之间的相关系数在1%的水平上显著，这表明，国有上市公司所处地区的市场化进程越高，其股利支付水平越高，而国有企业所处的地区市场化程度越低，其股利支付水平越低，这个结果与假设 H3 是一致的。模型 5 显示，地区金融业的市场指数 Finance 与每股股利 DPS 呈现负相关关系，并在 5% 水平显著。这说明，当国有企业处于金融发展程度越低的地区，越容易受到地方政府的保护，易于获得所需的银行贷款，则将有较多的资金用于支付股利；反之亦然。这个结果与假设 H4 是一致的。而模型 3 中，地区法治水平 Law 与每股股利 DPS 呈现负相关关系，但并不显著，假设 H2 没有通过检验。说明一个地区的法治水平与该地区国有上市公司的股利分配行为没有直接关系。这表明，一个地区包括立法状况与执法质量在内的整个法律环境，对公司的股利政策不存在显著的影响。一个可能的解释是：对于一般企业而言，所处地的法律环境代表了对投资者以及中小股东的保护程度，进而影响了企业的现金股利政策，法律环境越好那么企业的管理层的代理行为成本越高，治理就越强，那么企业越有可能发放更多的现金股利。即随着我国投资者保护法律制度的不断完善，管理层通过过度投资和在职消费来获取控制权私有收益的风险和成本也逐渐增加，他们面临股东法律诉讼的可能性也大大增加，为了减少个人风险，他们更倾向于把多余的自由现金流以股利的形式发放给股东。然而对于国有企业而言，其管理层除了存在"经纪人"心理还存在着职位晋升的"政治人"心理，过多的代理行为可能会导致企业业绩下降阻挡了管理层政治职位晋升的可能，所以在国有企业内部管理层的行为决策不能以简单的代理理论来解释，此时法律环境对国有企业管理层所产生的影响可能就不单单是制约其代理行为这么简单，国有企业不分红的决策很可能是因为管理层考虑企业发展所产生的结果，是为了提升企业业绩完成自身的业绩指标实现政治职位的晋升，故而法律环境对国有企业分红的影响变得不那么显著。

模型 6 的调整 R^2 为 26.1%，拟合优度相对最高，说明了自变量的解释能力较好。F 值为 40.653，并在 1% 的水平上显著，说明回归方程总体有效。在模型 6 中，国有企业分红（DPS）与企业价值（TobinQ）之间的相关系数为 0.8873（T = 4.6546），在 1% 的水平上显著。进而更加支持了假设 H1。同时，报告增加国有企业分红（DPS）与制度环境虚拟变量的交乘项 DPS × Ins_dum 来考察制度环境因素对国有企业分红与企业价值之间的相关关系。实证结果得出，交乘项 DPS × Ins_dum 与企业价值（TobinQ）的相关系数为 −0.1543（T = −0.4652），说明了制度环境因素削弱了国有企业分红与企业价值之间的正相关关系且统计上没有通过，拒绝假设 H5。

（4）稳健性检验。为了提高研究结论的可靠性，用股利支付率（Payout）代替每股股利（DPS）、总资产报酬率（ROA）代替 TobinQ，本书进行了稳健性检验。结果列示于表 2-5 中。

表 2-5　　　　　　　　　回归结果的稳健性检验

变量	模型1（被解释变量 ROA）	模型2（被解释变量 Payout）	模型3（被解释变量 Payout）	模型4（被解释变量 Payout）	模型5（被解释变量 Payout）	模型6（被解释变量 ROA）
	系数（T_value）	系数（T_value）	系数（T_value）	系数（T_value）	系数（T_value）	系数（T_value）
C	0.0546 1.8435*	-8.5462 -3.6570***	-9.546 -2.5461**	-9.5466 -3.7653***	-10.1657 -2.4653*	-0.0657 -1.7456*
Payout	0.1564 12.0431***					0.0341 3.5324***
Market		0.3657 4.3764***		0.3768 4.2341***		
Law		-0.1546 -0.8652	-0.1657 -0.7851*			
Finance		-0.0456 -1.1546*			-0.0763 -2.034**	
Payout×Ins_dum						-0.0654 -1.9114***
Cash/A	0.0312 2.8767***	-0.6435 -0.5657	1.7743 0.8143***	0.7032 0.5812	-1.7455 -0.8854*	0.0432 3.2165***
Size	-0.0436 -2.1443**	0.3734 2.9543***	0.5743 2.4211***	0.3435 3.1543***	0.5432 2.8656***	0.0435 4.3235***
Debt_R	-0.06431 -7.6332***	-0.6153 -1.7231*	-1.4290 -1.9732*	-0.7143 -0.8343	-0.1374 -5.8721***	-0.0804 -8.8654***
TOP1	0.0324 0.0123	-0.0321 1.8497*	0.0214 2.0431**	0.01342 1.2543	0.03731 1.7431*	-0.005 -1.7601**
Year_dum	Control	Control	Control	Control	Control	Control
Ind_dum	Control	Control	Control	Control	Control	Control
F	28.435***	12.091***	9..432***	3.467***	12.507***	15.532***
AdjR²	0.191	0.174	0.157	0.128	0.171	0.161
Observations	8 974	8 974	8 974	8 974	8 974	8 974

注：***、**、*分别表示在1%、5%和10%的水平上显著。

　　从表2-5看，模型1中，股利支付率（Payout）与总资产回报率（ROA）显著正相关相关，假设H1通过了验证。模型2~模型5中，股利支付率（Payout）与制度环境变量中的Market显著正相关，而与Finance和Law之间负相关，与实证结果相一致，假设H3、假设H4通过了检验，结果与假设H2相反。模型6中，股利支付率（Payout）与总资产回报率（ROA）显著正相关相关，更加验证了假设H1的成立。但同时也发现，回归方程中总资产回报率（ROA）与国有企业分红（Payout）与制度环境虚拟变量的交乘项Payout×Ins_dum的系数为-0.0654，说明了制度环境因素对国有企业分红与企业价值的相关关系不能起到促进的作用。

　　（5）内生性检验。为了缓解本部分可能存在的内生性问题（遗漏变量、互为因果），本书选择工具变量的固定效应模型（IV-FE），对原有结论进行重新检验。其中工具变量选取解释变量的滞后一期即 DPS_{t-1}、$Market_{t-1}$、Law_{t-1}、$Finance_{t-1}$、$DPS_{t-1} \times Ins\_dum$ 结果如表2-6所示。

表2-6　　　　　　　　　　　　工具变量的固定效应模型

变量	模型1（被解释变量TobinQ）系数（T_value）	模型2（被解释变量DPS）系数（T_value）	模型3（被解释变量DPS）系数（T_value）	模型4（被解释变量DPS）系数（T_value）	模型5（被解释变量DPS）系数（T_value）	模型6（被解释变量TobinQ）系数（T_value）
DPS_{t-1}	1.2479 7.3763***					1.1569 5.7942***
$Market_{t-1}$		0.0874 12.2791***		0.0721 11.2297***		
Law_{t-1}		-0.0159 -0.0672	-0.0174 -0.0811			
$Finance_{t-1}$		-0.0139 -2.3261**			-0.0253 -2.4758**	
$DPS_{t-1} \times$ Ins_dum						-0.1615 -0.7483
Cash/A	0.6683 3.9983***	0.7421 4.2139***	0.2273 3.9571***	0.2743 4.2119***	0.2753 3.8169***	0.4516 3.3374***

续表

变量	模型1（被解释变量 TobinQ）	模型2（被解释变量 DPS）	模型3（被解释变量 DPS）	模型4（被解释变量 DPS）	模型5（被解释变量 DPS）	模型6（被解释变量 TobinQ）
	系数（T_value）	系数（T_value）	系数（T_value）	系数（T_value）	系数（T_value）	系数（T_value）
Size	-0.3671 -11.5784***	0.4472 9.9841***	0.5164 11.7162***	0.3318 8.2677***	0.4193 10.3357***	-0.5313 -10.6321***
Debt_R	-0.6761 -5.3914***	-0.4629 -4.8449***	-0.3714 -5.2784***	-0.2677 -5.1172***	-0.1945 -5.6741***	-0.8943 -6.1510***
TOP1	-0.0047 3.9174***	0.0039 2.2162**	0.0044 2.0106**	0.0051 1.9158*	0.0053 2.5501**	-0.0050 -3.7914***
F	46.791***	29.894***	22.628***	30.109***	28.115***	42.438***
AdjR²	0.277	0.246	0.198	0.187	0.169	0.241
Hausman值（p值）	95.882 (0.0000)	92.117 (0.0000)	82.148 (0.0000)	85.231 (0.0000)	80.570 (0.0000)	93.476 (0.0000)
Observations	6 911	6 911	6 911	6 911	6 911	6 911

从表2-6的回归结果来看，回归的 Hausman 的 P 值都通过了假设检验，证明用固定效应模型来检验是合理的。在进行了滞后一期的工具变量处理后，固定效应模型回归的结果与原有结果保持一致。模型1中，每股股利（DPS_{t-1}）与企业价值（TobinQ）显著正相关相关，假设 H1 通过了验证。模型2~模型5中，每股股利（DPS_{t-1}）与制度环境变量中的 $Market_{t-1}$ 显著正相关，而与 $Finance_{t-1}$ 和 Law_{t-1} 之间负相关，与实证结果相一致，假设 H3、假设 H4 通过了检验，但是拒绝假设 H2。模型6中，每股股利（DPS_{t-1}）与企业价值（TobinQ）显著正相关相关，更加验证了假设 H1 的成立。但同时也发现，回归方程中，企业价值（TobinQ）与国有企业分红（DPS_{t-1}）与制度环境虚拟变量的交乘项 $DPS_{t-1} \times Ins\_dum$ 的系数为 -0.1615，说明了制度环境因素对国有企业分红与企业价值的相关关系不能起到促进的作用。

三、研究结论

（一）现金股利的发放与企业价值

现金股利的发放与企业价值密切相关。一方面，无论现金股利决策制定是基于何种背景，公司盈余如果不以股利的形式发放，而是留在公司，则会导致公司的内部控股股东或管理层等利用手中权力谋取私利，从而不利于企业价值的提升；另一方面，上市公司发放现金股利能够减少公司现金流量，企业须通过债务来进行融资，从而达到债权人对公司监督的效果，有利于降低代理成本，提升公司价值。现金股利的发放能够在一定程度上降低代理成本，并且提高公司价值。现金股利发放比例越高，越能提高公司价值。

（二）法治水平与企业股利发放

本书的研究结果表明，一个地区的立法状况与执法质量在内的整个法律环境，对公司的股利政策不存在显著的影响。一个可能的解释是，此时法律环境对国有企业管理层所产生的影响可能就不单单是制约其代理行为这么简单，国有企业不分红的决策很可能是因为管理层考虑企业发展所产生的结果，是为了提升企业业绩完成自身的业绩指标实现政治职位的晋升，故而法律环境对国有企业分红的影响变得不那么显著。

（三）金融发展水平抑制了国有企业现金股利发放

依据本节的实证检验结果来看，我国国有企业所处地区的金融发展水平与其现金股利存在显著的负相关关系。也就是说地区金融发展水平越高，国有企业发放的现金股利越少，在金融发展水平高的地区，资源竞争更公平，国有企业为了保证自身发展不得不保留更多的现金来应对竞争，导致了股利的减少。这也体现了地区金融发展对公平竞争、优化资源配置上的作用，使得更多银行的信贷完全根据市场情况由银行自行决策，而不受到政府部门的相关控制。

（四）市场发展程度能够提升国企的现金股利水平

从实证结果可知，我国国有企业所在地的市场发展水平能够显著影响其现金股利水平，在市场发展程度越高的地区国有企业的现金股利水平越高。

（五）制度环境未能改善国有企业分红与企业价值之间的关系

制度环境的改善将显著提升企业的现金股利，对公司价值有一定的影响。一些研究表明，现金股利的发放能够在一定程度上缓解普遍存在的代理问题，降低代理成本，从而提高公司价值。然而在本书的研究中，我们发现在不同的股利政策下，制度环境对企业价值并无显著影响。可能的解释是：第一，国有企业的样本由于其很强的行政色彩导致政府对企业有很强的控制，地方市场化程度的发展以及法治水平的提升对国有企业的影响还不够深入，也就是说国有企业中政府控制现象仍然相对突出；第二，从强制性分红制度的角度来解释，可以理解为由于制度的实施本身存在滞后性导致股利政策对企业价值的影响不大。

第三节　可持续增长下的国有企业分红机制

可持续增长的同义词为"可持续发展"，它作为一种新的发展思想和发展战略，最早出现于 20 世纪 70 年代。提出者是美国世界观察研究所，后来随着该所所长莱斯特·布朗的《建设一个可持续发展的社会》而得以广泛传播。在 1987年联合国环境发展世界委员会发布的报告《我们共同的未来》之中，这一概念开始得到了正式的确认。可持续发展的中心思想是对子孙后代生存环境的关怀，它强调了社会、经济和环境的相互促进，共同发展。可持续发展多次出现在温家宝的政府工作报告中，同时李克强总理所发表的联合国讲话中（"可持续发展目标：共同努力改造我们的世界——中国主张"），也都强调可持续发展对发展经济的重要性。在社会主义市场经济体制下，企业作为经济活动中的微观层面，以可持续发展作为其主要目标，在竞争日趋激烈的市场环境下，增强自身长远发展能力，取得持久竞争优势是国有企业改革亟须解决的现实问题。健康持久发展的国有企业群体是我国经济稳定与持续发展的前提和基础。而国有企业分红是国有企业理财中的重要组成部分，更需要用可持续的思想进行规划和指导。

詹森（Jensen，1976）和罗瑟夫（Rozeff，1982）等的研究表明：当一个企业面临较多的增长机会时，即可持续增长能力强，则可以通过适度降低股利支付、增加留存收益来满足对财务资源的需求；反之，则应该提高股利支付额，把多余的现金发放给股东，从而实现真正意义上的股东财富最大化目标，符合企业价值取向。杨汉明（2009）也利用希金斯可持续增长模型探讨国有企业分红与可持续增长的相关关系，认为现金股利与可持续增长率呈负相关关系。但需要强调的是，我国现实企业经营管理活动中，在增长管理的过程中企业可持续增长理论并没有得到有效实施。所以，如何使企业的可持续增长符合股东价值增长的目标，即如何在可持续增长的同时实现股东财富最大化。换言之，如果假设公司已经达到了"可持续增长"的理想状态，那么如何保证其增长有利于股东价值的增长呢？本部分将探讨国有企业现金分红机制与可持续增长之间的关系。基于可持续增长与国企分红的理论关系分析提出以下假设：

假设 H6：国企分红与可持续增长率负相关；

假设 H7：有强制性分红制度的国有企业，将显著提高其股利发放水平；

假设 H8：有强制性分红制度的企业与有自愿分红制度的企业相比，有强制性分红制度的国有企业分红与可持续增长率的负相关关系更为敏感。

一、研究思路

本书选取了上海和深圳两市 A 股 2008～2018 年间有能力进行现金分红的非金融保险类 1 243 家上市国有企业共 8 974 个观测值（考虑滞后变量后为 6 911 个观测值），来考察国有企业现金分红政策与企业价值的相关关系。并参考刘芍佳、孙霈和刘乃全（2003）及夏立军、方轶强（2005）关于"终极控制人"的理论来选择区分国有企业样本。

本书以每股现金股利（DPS）作为研究国有企业分红的被解释变量，将可持续增长率（Sgre）和制度因素虚拟变量（Ins_dum）作为解释变量，同时引入公司现金相对持有量、公司规模、资产负债率、第一大股东的持股比例等相关控制变量来控制国有企业分红的其他影响因素。为了缓解内生性的问题，对相应变量进行了滞后一期的处理如 LSgre 等。同时使用了年度虚拟变量（Year_dum）和行业虚拟变量（Ind_dum）来减少年度和行业差异对回归结果的影响。

为了验证国有企业分红与可持续增长率负相关关系，构建如式（2-4）的多元回归模型：

$$DPS = \beta_0 + \beta_1 LSgre + \beta_2 LCash/A + \beta_3 LSize + \beta_4 LDebt\_R + \beta_5 LTOP1 + \beta_6 Year\_dum + \beta_7 Ind\_dum + \varepsilon \quad (2-4)$$

为了验证有强制性分红制度的国有企业将显著提高其股利发放水平，构建模型式（2-5）：

$$DPS = \beta_0 + \beta_1 Ins\_dum + \beta_2 LCash/A + \beta_3 LSize + \beta_4 LDebt\_R + \beta_5 LTOP1 + \beta_6 Year\_dum + \beta_7 IND\_dum + \varepsilon \quad (2-5)$$

为了验证有强制性分红制度的企业与有自愿分红制度的企业相比，是否有强制性分红制度的国有企业分红与可持续增长率的负相关关系更为敏感，我们在以上模型的基础上，增加可持续增长率与制度因素虚拟变量的交乘项 LSgre × Ins_dum 来构建模型式（2-6）：

$$DPS = \beta_0 + \beta_1 LSgre + \beta_2 LSgre \times Ins\_dum + \beta_3 LCash/A + \beta_4 LSize + \beta_5 LDebt\_R + \beta_6 LTOP1 + \beta_7 Year\_dum + \beta_8 Ind\_dum + \varepsilon \quad (2-6)$$

二、研究及分析过程

（一）变量说明

为清楚起见，将相关变量列示于表 2-7 中。

表 2 - 7　　　　　　　　　　　　变量定义与计算

变量名称			变量释义
被解释变量	DPS	股利支付水平	DPS = 发放现金股利总额/总股本
解释变量	Sgre	可持续增长能力	Sgre = 股东权益变动额/期初股东权益
	Ins_dum	制度因素虚拟变量	有强制性分红制度的企业取 1，否则取 0
控制变量	Cash/A	现金盈余水平	Cash/A = 库存现金/资产总额
	Size	资产规模水平	Size = 总资产的对数
	Debt_R	偿债能力水平	Debt_R = 负债总额/资产总额
	TOP1	股权结构	TOP1 = 第一大股东持股比例
	Year_dum	年度哑变量	按照年份分别取值
	Ind_dum	行业哑变量	行业哑变量，按照证监会对企业的分类标准，分为 13 类行业。在剔除金融保险类企业后，设置 11 个行业哑变量。如以制造业为基准，则制造业取 1，其他行业取 0

（二）描述性统计与相关性分析

（1）描述性统计特征。将样本公司变量的描述统计结果列示于表 2 - 8 中。

表 2 - 8　　　　　　　　　　变量的描述性统计结果

变量	观测值	最小值	最大值	均值	中位数	标准差
DPS	8 974	0.0000	1.7724	0.0801	0.0513	0.1543
LSgre	8 974	0.0000	10.5188	0.3117	0.1058	0.5774
Ins_dum	8 974	0.0000	1.0000	0.3021	0.0000	0.4117
LCash/A	8 974	0.0000	0.8965	0.1578	0.1461	0.1451
LSize	8 974	19.4747	25.5271	21.6936	22.215	1.2096
LDebt_R	8 974	0.0329	0.9734	0.5368	0.6321	0.1812
LTOP1	8 974	3.6241	88.4106	41.7221	40.1206	17.124

从表 2 - 8 看，样本公司的可持续增长率的极大值为 10.5188，而均值为 0.3117，正是由于发展水平的不一致并考虑到国有企业的发展，本书认为不能专门依据盈利情况来决定股利分派情况，而应该按照可持续增长率来考虑分红政策。现金相对持有量 LCash/A 从最低的 0.0000 到最高的 0.8965，差

异较大，从而导致国有企业分红水平出现差异（现金股利支付额从 0 ~ 1.7724）。从资本结构看，资产负债率均值为 53.68%，国际上一般公认不高于 60% 的资产负债率比较好，所以我国国有控股上市公司资产负债率均值表现较好，但是波动范围较大（3.29% ~ 97.34%）。第一大股东持股比例 TOP1 从 3.6241% ~ 88.4106%，由于本书区分国有企业与民营企业的依据主要是根据刘芍佳、孙霈和刘乃全（2003）及夏立军、方轶强（2005）关于"终极控制人"的理论来划分的，所以处于 50% 比例以下的国有企业也是本书考察的对象。而 Ins_dum 的均值为 0.3021，说明目前的国有企业纳入强制性分红机制的数量较少，还只是处于试点阶段，而这也正是本书研究的一个方面，通过研究试点企业的分红水平与可持续增长率之间的关系，从而为制定正式分红制度提供政策建议。

（2）相关性分析。将变量之间的相关系数列示于表 2 - 9 中。

表 2 - 9　　　　　　　　　　变量的相关系数

变量	DPS	LSgre	Ins_dum	LCash/A	LSize	LDebt_R	LTOP1
DPS	1.000						
LSgre	-0.002	1.000					
Ins_dum	0.007	0.048*	1.000				
LCash/A	0.165***	0.217***	0.122***	1.000			
LSize	0.179***	0.087**	0.003	-0.125***	1.000		
LDebt_R	-0.121***	-0.085**	-0.052	-0.325***	0.321***	1.000	
LTOP1	0.197***	0.133***	0.112***	0.025	0.232***	-0.051	1.000

注：***、**、* 分别表示在 1%、5% 和 10% 的水平上显著。

从表 2 - 9 看，DPS 与 LSgre 的相关系数为负，在一定程度上说明了国有企业分红与可持续增长率负相关，但统计上不显著。自变量之间最大的相关系数存在于现金相对持有量 LCash/A 与资产负债率 LDebt_R 之间，相关系数为 -0.325，小于 0.6。由于变量间的相关系数均小于 0.6，因此，不必担心进行多元回归时所产生的多重共线性影响。

（3）回归分析。将变量之间的回归结果列示于表 2 - 10 中。

表 2 - 10　　　　　　每股股利与可持续增长、制度因素回归分析

变量	模型 1		模型 2		模型 3	
	Coefficient	T_value	Coefficient	T_value	Coefficient	T_value
C	- 0. 8827	(- 7. 341) ***	- 0. 5168	(- 6. 247) ***	- 0. 7116	(- 7. 791) ***
LSgre	- 0. 0496	(- 3. 176) ***			- 0. 0228	(- 3. 921) ***
Ins_dum			- 0. 0241	(- 1. 171)		
LSgre × Ins_dum					- 0. 0211	(- 1. 177)
LCash / A	0. 3126	(6. 4967) ***	0. 5121	(4. 177) ***	0. 4128	(5. 779) ***
LSize	0. 0279	(7. 556) ***	0. 0419	(6. 766) ***	0. 0547	(7. 631) ***
LDebt_R	- 0. 1712	(- 4. 3367) ***	- 0. 1731	(- 3. 511) ***	- 0. 1657	(- 3. 551) ***
LTOP1	0. 1474	(5. 645) ***	0. 1429	(3. 693) ***	0. 1177	(3. 481) ***
Year_dum	Control		Control		Control	
Ind_dum	Control		Control		Control	
F	9. 29 ***		9. 61 ***		9. 16 ***	
AdjR^2	0. 1275		0. 1123		0. 1446	
Observations	6 911		6 911		6 911	

注：*** 表示在 1% 的水平上显著。

从表 2 - 10 中可以看出，模型 1 的调整 R^2 为 12. 75% ，拟合优度尚可，说明自变量的解释能力较强。F 值为 9. 29，并在 1% 的水平上显著，说明回归方程总体有效，具有显著的统计意义。在模型 1 中，国有企业分红（DPS）与可持续增长率（LSgre）之间存在负相关关系，相关系数为 - 0. 0496（T = - 3. 176），在 1% 的水平上显著。这说明：在可持续增长能力高的企业，由于面临较多的投资机会，需要大量的资金支持，在不进行外部融资时，首先会保留盈余，因此会降低现金股利的发放水平。该结论与詹森（Jensen，1976）、罗瑟夫（Rozeff，1982）和谢军（2006）等的研究结论一致，假设 H6 得到了验证。

模型 2 的调整 R^2 为 11. 23% ，拟合优度尚可，说明了自变量的解释能力较好。F 值为 9. 61，并在 1% 的水平上显著，说明回归方程总体有效，具有显著的统计意义。在模型 2 中，国有企业分红（DPS）与制度因素虚拟变量（Ins_dum）之间的相关系数为 - 0. 0241（T = - 1. 171），没有通过检验，故拒绝假设 H7。一个可能的解释是：由于制度安排对经济发展有显著的促进或者是阻碍作用，管理当局经常会受制于各种悖论而选择了较差的制度，从而对结果造成消极影

响。根据前面的理论分析，《国务院关于试行国有资本经营预算的意见》（以下简称《意见》）是政府和国有企业相互博弈后的结果。国外国有企业分红比例均在50%以上，而《意见》规定下的国有企业分红比例最高却为10%。同时，我国上市公司与股票融资有关的现金股利支付条件为可供分配利润比例的30%。所以，无论从外部还是从内部看来，最高分红比例10%无疑是较低的。故当这种制度被提出来时，按照行为经济学的观点，有强制性分红制度的国有企业如果没有融资需要一般会严格按照制度来执行，从而导致该制度的实施降低了国有企业现金分红的水平，而这也与实证结果相一致。

模型3的调整 R^2 为14.46%，拟合优度尚可，说明了自变量的解释能力较好。F值为9.16，并在1%的水平上显著，说明回归方程总体有效，具有显著的统计意义。在模型3中，国企分红（DPS）与可持续增长率（LSgre）之间的相关系数为 -0.0228（T = -3.921），在1%的水平上显著。进而更加支持了假设H6。同时，本书增加可持续增长率与制度因素虚拟变量的交乘项 LSgre × Ins_dum 来考察制度因素对国企分红与可持续增长率之间的相关关系。实证结果得出，交乘项 LSgre × Ins_dum 与国有企业分红（DPS）的相关系数为 -0.0211（T = -1.177），说明了制度因素对国有企业分红与可持续增长的相关关系有一个促进的作用，但是统计上不显著，拒绝假设H8。可能的解释是：由于制度本身存在滞后性，国有企业分红机制的影响还没有发挥出来。还有一种可能的解释是：在确定有强制性分红制度的企业中，《意见》并没有考虑到企业的可持续增长能力，而只是根据"有盈就分"的思路进行的，所以《意见》中指明的企业基本上是盈利情况非常好的企业，《意见》只考虑到了企业的盈利能力而忽视了企业的可持续增长能力。

从控制变量回归结果来看：现金相对持有量（LCash/A）与国有企业分红水平显著正相关，说明了国有企业如果账面上的现金数量越多，越愿意提高现金股利支付水平。企业规模（LSize）与国有企业分红水平显著正相关，这可能是因为一般规模较大的国有企业，筹资渠道较多，现金较为充裕，竞争力较强，扩张的欲望并不强烈，因此更有可能将公司多余的现金分给股东，从而提高了国有企业分红水平；资产负债率（LDebt_R）与国有企业分红水平呈显著负相关关系，这是因为资产负债率越高，国有企业面临的财务风险越大，在企业进行再融资时倾向于留存收益等内部融资方式，从而降低了国有企业股利支付水平。

第一大股东持股比例（LTOP1）与国有企业分红水平显著正相关。说明在股权分置改革后，大股东通过上市公司获取资金的动机依然存在，大股东在决定现金股利支付水平时影响较大。

（4）稳健性分析。为了保证回归结果的可靠性，用股利支付率代替每股股利进行稳健性检验。其结果列示于表 2 – 11 中。

表 2 – 11　　　　股利支付率与可持续增长、制度因素回归分析

变量	模型 1		模型 2		模型 3	
	Coefficient	T_value	Coefficient	T_value	Coefficient	T_value
C	− 0.8441	（− 5.643）***	− 0.7421	（5.611）***	− 0.8321	（− 5.036）***
LSgre	− 0.0556	（− 2.653）***			− 0.0348	（− 2.327）**
Ins_dum			− 0.0059	（− 0.316）		
LSgre × Ins_dum					− 0.0058	（− 0.133）
LCash/A	0.1337	（1.771）*	0.0886	（1.231）	0.1266	（1.711）*
LSize	0.0419	（6.054）***	0.0422	（5.869）***	0.0437	（6.473）***
LDebt_R	− 0.3721	（− 4.796）***	− 0.2367	（− 4.518）***	− 0.2588	（− 4.617）**
LTOP1	0.1573	（3.685）***	0.1669	（3.747）***	0.1839	（6.611）***
Year_dum	Control		Control		Control	
Ind_dum	Control		Control		Control	
F	8.27***		7.87***		7.59***	
AdjR²	0.1033		0.0911		0.0957	
Observations	6 911		6 911		6 911	

注：***、**、*分别表示在1%、5%和10%的水平上显著。

从表 2 – 11 中可以看出，通过多元回归后得出，除了一些变量的显著性水平降低外，变量的符号等基本没有发生变化。模型 1 中，股利支付率（Payout）与可持续增长率（LSgre）显著负相关，假设 H6 通过了验证。模型 2 中，股利支付率（Payout）与制度因素虚拟变量之间负相关，但不显著，与实证结果相一致，拒绝假设 H7。模型 3 中，股利支付率（Payout）与可持续增长率（LSgre）显著负相关，更加验证了假设 H6 的成立。但同时也发现，回归方程中可持续增长率（LSgre）与制度因素虚拟变量（Ins_dum）的交乘项 LSgre × Ins_dum 的系数为 − 0.0058 说明了强制性分红制度对可持续增长与国有企业分红的相关关系有一

个促进的作用，但没有通过统计检验，拒绝假设 H8。

三、研究结论及分析

通过分析，本书得到以下结论。

（一）国有企业分红意愿增加

我国国有控股上市公司在《国务院关于试行国有资本经营预算的意见》约束下朝较好的方向发展。国有企业分红意愿较大，盲目分红的现象正逐渐缓解，派现最大值从 2008 年的每股 1.672 元下降至每股 1.185 元，派现最小值也提高至 0.01 元，两者极差变小，说明了国有控股公司现金股利政策已经转向了理性分红的轨道上来。

（二）国有企业分红与可持续增长负相关

基于前文假设，通过多元回归得出，国有企业分红与可持续增长有显著的负相关关系，这为建立基于财务可持续增长的国有企业分红提供了理论依据。可持续增长率越高，说明公司的成长性越好，要维持较高的可持续增长水平，在不进行外部融资的情况下，保留公司较多的盈余就必然降低股利发放水平，这为制定未来股利政策指明了方向。

企业增长的可持续一直都是企业战略管理中的一项难题，原因在于企业最大化的增长一直为许多经理人所追求，尤其是国有企业经理人。因为随着企业快速地增长，企业的规模不断扩大，规模收益与个人私利也必将增加。然而，一方面，如果一个企业的增长不受控制、过于快速，而企业的资源（如资金等）又跟不上企业增长的步伐，那就很有可能会导致企业破产；另一方面，如果一个企业过于缓慢地发展，那么经理人可能会受到股东以及董事会的责难，甚至为潜在收购者所收购。可持续增长率代表的是与销售净利率、资产周转率、留存收益率及股东权益收益率相一致的企业销售增长率。如果企业的销售增长与可持续增长不一致，那么必然会导致这 4 个比率中的 1 个或多个比率发生改变；相反，这 4 个比率中的任何 1 个发生改变，也必然会导致可持续增长率的改变。

可见，企业在制定股利分配政策时，必须要考虑到企业的可持续增长能力，企业支付的现金股利越多，留存于企业用于发展的资金越少，可能会减缓企业可持续增长的速度；然而，如果留存于企业的资金过多，可能会导致盲目投资，也不利于企业的可持续增长；如果企业能够长期保持可持续增长，收益增加则会对股利支付产生促进作用。

（三）　制度因素对国有企业分红影响不显著

本节的实证结果表明，制度因素会对国有企业的现金分红行为造成显著影响的假设并不成立，也就是说，在现实中无论制度安排如何，都不会改变国有企业的现金股利政策。这一结果很有可能与我国制度安排与现实情况复杂相关，在这一层面上来说，制度想要起到规范国有企业分红的作用，还需要进一步的改进。

（四）　现金相对持有量与国有企业分红水平显著正相关

本书发现，国有企业如果账面上的现金数量越多，更愿意提高现金股利支付水平。一般而言，企业留存现金的数量是决定企业现金股利发放水平的决定性因素，但鉴于我国国有企业存在复杂的所有权与经营权关系，更容易导致有关于剩余现金流的代理问题，所以对于国有企业分红与现金持有量的关系做了进一步的检验，结果表明在我国国有企业当中，依然存在现金持有量导致国有企业分红增加的现象。

第四节　国有企业分红、 可持续增长与公司业绩

基于国有企业分红、可持续增长部分的理论分析可知，可持续增长是国有企业发展过程中一个重要的目标，为了保证国有企业的业绩可持续性的扩张，在制定分红政策时必然会优先考虑自身的增长态势，所以可持续增长率与国有企业分红必然存在内在的联系；此外，可持续增长背景下国有企业的分红行为优先

考虑了国有企业的未来发展前景，使得国有企业具有低成本的优势资金来实现可持续增长，故在可持续增长背景下制定的分红政策会有利于国企的业绩提升。

基于以上分析提出假设：

假设 H9：国有企业分红与可持续增长率相关。

假设 H10：基于可持续增长的公司分红有利于提升公司业绩。

一、设计思路

本书选择 2008～2018 年所有在上海和深圳两市上市的 A 股 3 562 家公司作为研究对象，并对样本做如下处理：（1）剔出金融、保险类样本，因为这类公司的资本结构与一般上市公司存在差异；（2）剔出同时发行 B 股或 H 股的样本；（3）剔出每股收益为负数的样本，这样的公司一般不会发放股利；（4）剔出缺少数据的样本。最后得到 10 779 个样本。

采用总资产报酬率（ROA）和每股收益（EPS）两个会计指标来衡量公司业绩，选择是否支付股利（Div_dum）和现金股利支付率（Payout）来考量公司是否愿意分红、分红的比例。对于可持续增长指标，根据希金斯、汤谷良等的分析，采用权益增长率来考量可持续增长率（Sgre），用销售收入增长率作为实际增长率，用实际增长率与可持续增长率的差，表示差异增长率（Sgrs_e）。控制变量如前不变。控制变量有：第一大股东持股比例及其性质（TOP1）、公司规模（LnA）、财务杠杆（Debt_R）、行业虚拟变量（Ind_dum）和年度虚拟变量（Year_dum），并对模型中的解释变量、控制变量进行了滞后 1 期的处理（在变量前增加 L）。

为了检验国企分红与可持续增长率相关，本书构建模型式（2-7）、式（2-8）：

$$Div\_dum = \alpha_0 + \alpha_1 LSgre + \alpha_2 LLnA + \alpha_3 LDebt\_R + \alpha_4 LTOP1$$
$$+ \alpha_5 Year\_dum + \alpha_6 Ind\_dum + \varepsilon \qquad (2-7)$$

$$Payout = \alpha_0 + \alpha_1 LSgre + \alpha_2 LLnA + \alpha_3 LDebt\_R + \alpha_4 LTOP1 + \alpha_5 LCash/A$$
$$+ \alpha_6 Year\_dum + \alpha_7 Ind\_dum + \varepsilon \qquad (2-8)$$

为了检验基于可持续增长的公司分红是否有利于提升公司业绩，本书构建模型式（2-9）：

$$EPS = \alpha_0 + \alpha_1 LPayout + \alpha_2 LSgre + \alpha_3 LLnA + \alpha_4 LDebt\_R + \alpha_5 LTOP1$$
$$+ \alpha_6 Year\_dum + \alpha_7 Ind\_dum + \varepsilon \qquad (2-9)$$

二、分析过程

由于这部分的描述性统计与相关性分析在前文研究中已经探讨过了，所以直接对本部分的研究假设进行回归检验。检验结果如下：首先对假设 1 进行检验，表 2 – 12 显示国企是否进行现金分红与可持续增长之间的关系。

表 2 – 12 　　　　　　　　　是否支付股利与可持续增长回归结果

变量	预计符号	全样本模型（1）	子样本					
			国有控制			非国有控制		
			全部	其中		全部	其中	
				Sgrs_e < 0	Sgrs_e > 0		Sgrs_e < 0	Sgrs_e > 0
C		0.876 **	1.179 **	0.743	1.755 **	0.336	1.055	0.127
LSgre	+	0.000	0.046 ***	0.024 ***	0.051 **	0.000	0.026 ***	– 0.033
LLnA	+	– 0.069 **	– 0.077	– 0.057	– 0.064	– 1.58	– 0.165 *	– 0.057
LDebt_R	–	– 0.005	– 0.038	– 0.033	0.000	– 0.002	0.023	– 0.064
LTOP1	+	0.033 ***	0.054 ***	0.021 **	0.058 ***	0.053 ***	0.064 **	0.083 ***
Year_dum		控制	控制	控制	控制	控制	控制	控制
Ind_dum		控制	控制	控制	控制	控制	控制	控制
x^2		58.271 ***	66.575 ***	21.776 ***	59.851 ***	41.817 ***	46.751 ***	29.173 ***
N		10 779	7 318	2 928	4 390	3 661	1 465	2 196

注：***、**、* 分别表示在1%、5%和10%的水平上显著。

从表 2 – 12 可看到，（1）就国有控制公司样本而言，公司是否支付股利均与可持续增长指标正相关，在 1% 的水平上通过了显著性检验。这说明，国有控股公司是基于公司的可持续增长来考虑是否支付现金股利的，这体现了国有控股公司的战略观念。而全部样本和非国有控股公司是否支付现金股利与可持续增长之间尽管正相关，却不显著，其中，在差异可持续增长指标为负，即公司有闲置资源时，二者在1%的水平上显著正相关，此时非国有控股公司与国有控股公司一样，考虑了公司未来的增长；当差异增长指标为正时，二者负相关，但不显著。（2）不管是全部样本，还是分成国有、非国有控股及其差异可持续增长指标的正负，是否支付股利仅与第1大股东的持股比例正相关。说明大股东在决定是否分配股利中占绝对支配地位。（3）是否支付股利与企业规模负相关，统计上不显著，某种程度上说明我国规模大的企业，更少考虑股利支付问题。

为保证结果的可靠性，本书的稳健性检验结果列示于表2-13中。

表2-13　　　　　　　　　　现金股利支付率与可持续增长关系

变量	预计符号	全样本模型（2）	子样本					
			国有控制			非国有控制		
			全部	其中		全部	其中	
				$Sgrs\_e < 0$	$Sgrs\_e > 0$		$Sgrs\_e < 0$	$Sgrs\_e > 0$
C		41.611 ***	31.228 ***	61.610 ***	33.615 ***	53.226 ***	22.101 ***	57.036 ***
LSgre	+	0.0031	0.044	0.017	0.036	-0.042	0.065	-0.031
LLnA	+	-1.042	0.117	-0.846	0.776	-4.565 ***	-3.025 ***	-4.867 ***
LDebt_R	-	-0.056	-0.159 ***	-0.233 ***	-0.084	0.275 ***	0.065	0.383 ***
LTOP1	+	0.177 ***	0.101 *	-0.086	0.154 ***	0.076	0.132	0.163
LCash/A	?	0.184 ***	0.072	0.173	-0.026	0.364 ***	0.476 ***	0.265
Year_dum		控制	控制	控制	控制	控制	控制	控制
Ind_dum		控制	控制	控制	控制	控制	控制	控制
$AdjR^2$		0.033	0.017	0.059	0.074	0.063	0.087	0.075
DW		1.764	2.055	1.911	1.864	1.764	1.834	1.663
F		4.743 ***	4.671 ***	1.922 *	5.363 ***	4.775 ***	6.762 ***	2.752 ***
VIF		<2	<2	<2	<2	<2	<2	<2
N		10 779	7 318	2 928	4 390	3 661	1 465	2 196

注：***、*分别表示在1%和10%的水平上显著。

从表2-13可以看到，无论是全部样本还是国有控制公司样本，公司股利支付率与可持续增长指标正相关，但统计上不显著。非国有控股公司样本中，当差异增长指标为负时，股利支付率与可持续增长指标正相关、不显著，另两类口径的样本,二者负相关,假设 H9 未通过检验。说明我国大多数上市公司在实际支付股利时,考虑可持续增长指标的不多,在一定程度上反映了我国公司实际支付股利缺少长远眼光,有一定的随意性。就全部样本和国有控股公司样本看,其股利支付率的高低,由第 1 大股东决定。而非国有控股公司样本显示,其股利支付率的高低,取决于公司相对现金数量的多少。国有控股公司样本中,股利支付率与公司资产负债水平负相关,且在 5% 水平显著,说明国有企业中,负债水平的降低,会减少债权人的监督,公司股利支付较多。非国有控股样本中,股利支付率与公司规模显著负相关,说明规模大的企业,现金股利支付较少。

为检验假设 H10,相关的回归结果列示于表 2 – 14 中。

表 2 – 14 公司业绩与股利支付率、可持续增长回归结果

变量	预计符号	全样本模型(3)	子样本					
			国有控制			非国有控制		
			全部	其中		全部	其中	
				$Sgrs\_e < 0$	$Sgrs\_e > 0$		$Sgrs\_e < 0$	$Sgrs\_e > 0$
C		0.376 ***	0.258 ***	0.217 **	0.4111 ***	0.276 **	0.367 **	0.075
LPayout	+	0.002 *	0.002 *	0.003	0.002	0.001	0.002	– 0.002
LSgre	+	0.000 **	0.000 **	0.000 **	0.000 *	0.001	0.027 ***	– 0.000
LLnA	+	– 0.028	– 0.027	– 0.036	– 0.056	– 0.015	– 0.035	0.025
LDebt_R	–	– 0.000	0.000	0.000	0.000	– 0.031 *	0.000	0.000
LTOP1	+	0.054 ***	0.001 ***	0.021 ***	0.078 ***	0.047 **	0.000	0.031 **
Year_dum		控制	控制	控制	控制	控制	控制	控制
Ind_dum		控制	控制	控制	控制	控制	控制	控制
$AdjR^2$		0.033	0.039	0.036	0.065	0.076	0.055	0.027
DW		1.617	1.775	1.617	1.436	1.731	1.871	1.866
F		8.611 ***	7.338 ***	3.621 ***	4.559 ***	4.264 ***	4.664 ***	3.673 ***
VIF		<2	<2	<2	<2	a <2	<2	<2
N		10 779	7 318	2 928	4 390	3 661	1 465	2 196

注: *** 、 ** 、 * 分别表示在 1% 、5% 和 10% 的水平上显著。

从表 2 – 14 看到,整体而言,国有控股公司其业绩与股利支付率、可持续增

长率之间的关系好于非国有控股公司：（1）整体上，国有控股公司业绩与股利支付率正相关，在10%水平显著，而非国有控股公司业绩与股利支付率的关系，样本口径不同，关系不同，但均不显著。说明2008~2018年，我国上市公司特别是国有控股公司，适当提高现金股利支付率有利于提升公司的业绩，这为《国务院关于试行国有资本经营预算的意见》中提高国有及国有控股公司股利支付率提供了经验证据。（2）就样本整体、国有控股样本看，公司业绩与可持续增长率指标正相关，且在5%水平显著，假设H10在国有企业样本下通过检验，说明公司权益增长保持了适当的水平，当实际增长率大于可持续增长率时，公司应该不发或少发股利，以满足公司增长的需要；当公司实际增长率小于可持续增长率时，公司的资源有剩余，此时应该提高公司的股利支付率，不然，不利于公司的发展和保护股东的利益。因此，从可持续增长角度看，国有企业的股利支付率不能一概而论，应该根据国有企业的实际情况并结合该公司差异增长率的正负，来确定合理的股利支付率。非国有控股公司样本中，总体上，公司业绩与可持续增长率指标关系不显著（在非国有企业样本中，LSgre对企业业绩的影响系数不显著）；差异增长率符号不同，二者关系不同，当差异增长率为负，二者正相关，在1%水平显著，表明这类公司的资源有多余时，与国有控股公司相比，它们支付股利的可能性高一些；当差异增长率为正，即公司资源不足时，二者负相关，但不显著，此时公司的增长未考虑公司业绩提升的问题。

三、研究结论

（一）股利政策与可持续增长的关系

首先，在是否支付股利与可持续增长方面。国有控股公司从基于公司的可持续增长来考虑是否支付现金股利，体现了国有控股公司的战略观念。而全部样本和非国有控股公司是否支付现金股利与可持续增长之间尽管正相关，却不显著。大股东在决定是否分配股利中占绝对支配地位。另外，我国规模大的企业，较少考虑股利支付问题。

其次，在现金股利支付率与可持续增长关系方面。我国大多数上市公司在实际支付股利时，考虑可持续增长指标的不多，在一定程度上反映了我国公司实际支付股利缺少长远眼光，有一定的随意性。全部样本和国有控股公司股利支付率的高低由第 1 大股东决定。非国有控股公司股利支付率的高低取决于公司相对现金数量的多少。国有控股企业负债水平的降低，会减少债权人的监督，公司股利支付较多。非国有控股企业规模大的企业，现金股利支付较少。

（二）公司业绩与现金股利、可持续增长之间的关系

整体而言，国有控股公司其业绩与股利支付率、可持续增长率之间的关系好于非国有控股公司。本节选取了 2008～2018 年的上市公司数据对企业业绩、现金股利与可持续增长率之间的关系进行了检验，结果发现：对于国有企业而言现金股利的增加能够帮助自身的业绩实现增长，所以国有企业应该提高现金股利的支付率，而在考虑可持续增长率的前提下，本节研究发现在国有企业权益实际增长率大于可持续增长率时企业业绩会得到更大的提升，所以此时最好减少现金分红保证企业高效发展；对于非国有企业而言，现金股利并不能显著地带来企业业绩的增长，关系并不明显。

第三章
生命周期、终极人控制、政治
关系与国有企业分红

第一节　基于企业生命周期的国有企业分红

一、企业生命周期与国有企业分红理论分析

企业在不同的成长时期面临着不同的环境与选择，而不同的环境又催生了每个时期决定企业成长的不同关键因素。在不同的生命周期阶段，企业的内部现状和外部环境会存在一定的差异性，企业会表现出不同的特征，其数量分布情况、经营行为、投资行为、融资行为、盈利能力、成长能力和相关的财务指标都会呈现出规律性的变化，这种差异性造就了不同的企业有不同的发展战略，同一企业在不同的时期有不同的发展战略。这种情况要求不同的财务战略与之相适应。因此，企业的股利政策也会不一样。具体会体现在不同的生命周期阶段，企业是否会支付股利、股利支付率及每股股利应为多少。

（一）生命周期理论的提出

1965 年，美国学者 J. W. 戈登尼以"如何防止组织的停滞与衰老"为论题，探讨了社会组织的生命力与生命周期问题，被认为是将企业生命周期理论的研究由经济学领域移入管理学领域的第一人。

美国爱迪思研究所创始人伊查克・爱迪思博士于 1989 年提出的企业生命周期理论标志着生命周期理论的成熟。爱迪思博士认为，"企业实际上就像生物体一样，都有生命周期"，企业的成长和老化取决于灵活性和可控性这两大因素之间的制衡。当企业刚刚创建或比较年轻时，充满着灵活性，但可控性相对较差，需要一个从学爬、学走、学跑，循序渐进的过程。当企业进入老化时期，灵活性和可控制性变得极差，遇到外部环境或内部结构变化的应变能力较低，最终走向死亡。

20 世纪末，企业生命周期理论得到了进一步的发展。理查德·达夫特（1999）提出了企业的发展主要经历四个时期：创业期、集体化期、规范化期、精细化期，并从结构、产品或服务、奖励与控制系统、创新、企业目标、高层管理方式六个方面描述了在这四个时期企业的特征。

（二）生命周期阶段的划分方法

根据生物演化规律或进化原理，将企业整个发展过程划分为不同的阶段，然后分析每个阶段的特性，找出适合企业的股利政策，以促进企业可持续成长。由于划分依据的不统一，目前理论界以及企业实务界对生命周期阶段的划分存在多种形式，企业生命周期的阶段被分为四至十个阶段不等。美国学者伊查克·爱迪思根据生物进化原理将企业生命周期划分为孕育期、婴儿期、学步期、青春期、盛年期、稳定期、贵族期、后贵族期、官僚期以及死亡期十个阶段。国内学者陈佳贵将企业生命周期划分为孕育期、求生存期、高速成长期、成熟期、衰退期以及蜕变期六个阶段。

本书对企业的生命周期各阶段划分是基于现金流特征组合基础上的。在中国上市公司中，处于不同企业生命周期，其经营行为、投资行为、融资行为、盈利能力、成长能力和其他相关的财务指标都呈现系统的变化。本书采用主成分分析得出的财务状况排名前十名的企业大多处于成长期和成熟期，财务状况排名后十名的企业多为衰退期。说明就选取的样本而言，按现金流组合划分的生命周期阶段符合企业的财务状况，有一定的合理性。不仅为国内相关研究的开展提供了条件，增加了相关代理变量的选择，而且也有助于企业生命周期的准确划分，预测和分析经营成果，正确地选择提升企业价值的方法。

（三）生命周期的不同阶段

生命周期的不同阶段，股利政策对企业价值的影响不一样。从现实情况来看，在成长期和成熟期，企业更倾向于支付现金股利，国有企业的支付百分比大于非国有企业。在成长期，现金股利支付率的提高会降低企业的价值。因为企业刚进入市场，利润和现金流入均较低且资金需求量大，不宜分配现金股利或尽量少分股利。在成长期，现金股利支付率与企业价值成负相关关系，因为此时，企业面临飞速发展的问题，资金缺口较大，应降低现金股利支付率，满足企业的资金需求，从而提高企业价值。在成熟期，现金股利支付率与企业价值呈正相关关系，因为此时企业已步入成熟期，盈利能力有了极大的提高，未来的现金流入也比较稳定，足可以支撑较高的股利支付率。将多余的现金以股利的形式分配给股东，提高了资金的利用率，进而也提高了企业的价值，所以此时可以适当地提高现金股利支付率。在衰退期，现金股利支付率与企业价值的关系不是很稳定。政府监管部门在制定股利监管政策时应考虑企业所处的生命周期阶段。2008 年中国证监会颁布的《关于修改上市公司现金分红若干规定的决定》中将"最近三年以现金方式累计分配的利润不少于最近三年实现的年均可分配利润的百分之三十"这一条件作为企业再融资的必要条件，这种提高上市公司申请再融资时的现金分红标准的做法，本书认为值得商榷。虽然此举在一定程度上遏制了不少企业不分配的现象，但没有考虑企业所处的生命周期。对于一家高速成长的企业，对资金的需求本来就大，如果将现金分红作为企业再融资的必要条件，则有可能导致企业为筹措资金分配现金股利而高额举债，然后再以再融资的资金还债的情况出现，将极大地损害企业的价值。企业生命周期理论在被用来研究财务管理方面的问题之前，主要侧重于研究企业的融资行为以及产品创新能力。近年来，企业生命周期理论不断发展完善，形成了一系列与财务管理领域有关的理论成果。另外，也有学者开始从生命周期视角研究现金股利与企业价值的关系，目前研究仍在继续，学者们尚未在这一研究领域达成统一认识。

法马和弗伦奇（Fama and French，2001）在研究中发现企业生命周期理论与现金股利有着密不可分的关系，他们在分析了上市公司数据后发现，小公司不倾向于支付现金股利，此时的公司都有共同特点，即盈利能力较低、成长势头强劲；而大公司更加愿意支付现金股利，此时公司的盈利能力较强，但成长性较低。迪安基洛等（DeAngelo et al.，2006）系统地提出了股利生命周期理论，核心指标是留存收益/投入资本（RE/TE 或 RE/TA），通过对指标进行实证分析，结果是上市公司现金股利支付意愿越强，RE/TE 值越高，说明成长期公司更倾向于不派发现金股利，利用盈余进行再投资；而成熟期的公司更倾向于多派发现金股利，回馈股东，降低代理成本。丹尼斯和珀森斯（Denis and Osobov，2007）通过对美国、日本、英国、法国、德国以及加拿大六国的上市公司数据进行分析表明，股利支付意愿越强，RE/TE 越高。以上这些国外学者的研究, 开启和推进了股利生命周期理论的研究, 但尚未研究企业不同生命周期阶段如何影响现金股利, 进而影响企业价值。

国内学者十分关注股利生命周期理论的研究, 并开始从不同角度研究该理论是否适用于我国的资本市场。徐腊平 (2009) 的研究支持了国外学者的观点, 证明股利生命周期理论适用于我国上市公司。李常青和彭锋 (2009) 使用主营业务收入增长率、资本支出率及经营活动现金净流量/总资产三个指标划分了上市公司的生命周期阶段, 并分别研究了不同阶段, 公司的股利政策存在明显差异。王傅强 (2013) 的研究表明, 生命周期会影响企业的盈利能力, 通过这一路径影响企业的现金股利分配行为。陈艳、于洪鉴和王发理 (2017) 通过实证分析得出, 公司的股利支付行为具有显著的生命周期特征。

我国学者虽然已经研究了股利生命周期理论是否适用于我国上市公司, 但基于该理论研究股利政策对企业价值影响的文献并不多见。杨汉明 (2008) 通过实证研究得出, 当公司处于初创期或成长期时, 过度派发现金股利会引起企业价值的降低。鞠洋 (2011) 认为, 成长期的企业支付股利较多会引起企业价值的降低; 而成熟期的企业因为发展平稳、自由现金流较多, 此时支付现金股利, 有助于缓解代理成本, 向外界发送积极信号, 进而提升企业价值; 企业进入衰退期后, 倾向于不发放现金股利。罗琦和伍敬侗 (2017) 认为, 成熟型公司的股利支付意愿和股利支付力度明显高于其他生命周期的公司, 支付现金股利有助于提升企业价值。

基于生命周期与国有企业分红的理论分析可以看出, 在国有企业的各个生命周期阶段其会产生不同的分红政策, 而不同的分红政策对国有企业价值产生的影响也是不同的, 所以就国有企业的生命周期阶段与分红行为提出以下假设:

假设 H11: 各个生命周期股利政策对企业价值的影响不一样。

初创期: 是否支付现金股利和股利支付率与企业价值负相关;

成长期: 是否支付现金股利和股利支付率与企业价值负相关;

成熟期: 是否支付现金股利和股利支付率与企业价值正相关;

衰退期: 是否支付现金股利和股利支付率与企业价值相关, 但方向不明。

二、研究设计

本书以现金流特征组合为标准将样本公司分为不同的生命周期，研究各个生命周期股利政策对企业价值的影响，可持续增长是否提升企业价值以及国有企业分红与可持续增长之间的关系。考虑到《企业会计准则（2006）》的影响，本书以 2008～2018 年中国 A 股股票市场的上市公司为研究样本。利用 CSMAR 数据库提供的数据对样本进行如下处理：（1）剔除了 ST 和 *ST 的公司，以减少异常数据的影响；（2）剔除了金融保险类企业，该类公司的资本结构与一般上市公司存在差异；（3）剔除了净利润为负数的样本，这样的公司一般不会发放现金股利。从而从一定程度上保证了实证检验结果的质量。总共得到样本 10 779 个。

本书以 TobinQ 作为企业价值的被解释变量，以股利政策（是否支付现金股利（Div_Dum））、可持续增长率（Sgre）和公司性质指标（是否为国有企业）作为解释变量，以现金流状况指标（Cash/A）、公司规模（LnA）、资产负债率（Debt_R）、第一大股东持股比率（TOP1）作为控制变量。

为了检验假设：各个生命周期股利政策对企业价值的影响不一样，即初创期，是否支付现金股利和股利支付率与企业价值负相关；成长期，是否支付现金股利和股利支付率与企业价值负相关；成熟期，是否支付现金股利和股利支付率企业价值正相关；衰退期，是否支付现金股利和股利支付率与企业价值相关，但方向不明，本书构建模型式（3-1），式（3-2）：

$$TobinQ = \alpha_0 + \alpha_1 Div\_dum + \alpha_2 Sgre + \alpha_3 Cash/A + \alpha_4 Debt\_R + \alpha_5 LnA$$
$$+ \alpha_6 TOP_1 + \alpha_7 TS + \alpha_8 Year + \mu \qquad (3-1)$$

$$TobinQ = \alpha_0 + \alpha_1 Payout + \alpha_2 Sgre + \alpha_3 Cash/A + \alpha_4 Debt\_R + \alpha_5 LnA$$
$$+ \alpha_6 TOP_1 + \alpha_7 TS + \alpha_8 Year + \mu \qquad (3-2)$$

为了检验假设 H9 国有企业分红与可持续增长相关，本书构建模型 3-3：

$$Div\_dum = \alpha_0 + \alpha_1 Sgre + \alpha_2 Cash/A + \alpha_3 Debt\_R + \alpha_4 LnA$$
$$+ \alpha_5 TOP_1 + \alpha_6 TS + \alpha_7 Year\_dum + \mu \qquad (3-3)$$

三、分析过程

（一） 变量定义

为清晰起见， 将回归分析所需变量， 列示于表 3 - 1 中。

表 3 - 1　　　　　　　　　　　回归分析变量

变量	指标	含义
TobinQ	（流通股 × 每股收盘价 + 限制性流通股 × 每股净资产 + 负债面值）/ 总资产账面价值	企业价值
Div_dum	是否支付股利； 支付取 1， 否则为 0	股利分配方案
Payout	现金股利/净利润	股利支付率
Sgre	（期末所有者权益 – 期初所有者权益）/ 期初所有者权益	可持续增长率
Cash/A	经营现金流量/总资产	现金流状况
Debt_R	负债/总资产	资本结构
LnA	总资产的自然对数	公司规模
TOP1	第一大股东持股比率	股权结构
TS	流通股股东持股比率	股权结构
Year_dum	当样本公司取自 2008 年时 Year_dum = 1， 否则为 0	年度虚拟变量

（二） 描述性统计与相关性分析

（1） 描述性统计特征。将样本按照现金流特征划分不同生命周期的样本列示于表 3 - 2 中。

表 3 - 2　　　　　　　　　A 股上市公司生命周期数量分析

项目		初创期	成长期	成熟期	衰退期	合计
国有企业	总数 （家）	444	1 995	1 969	820	5 228
	支付 （家）	177	1 319	1 267	328	3 038
	不支付 （家）	267	676	702	492	2 190
	支付百分比 （%）	39. 86	66. 11	64. 34	40. 00	58. 11

续表

项目		初创期	成长期	成熟期	衰退期	合计
非国有企业	总数（家）	651	2 070	1 899	931	5 551
	支付（家）	341	1 192	1 176	325	3 034
	不支付（家）	310	878	723	605	2 517
	支付百分比（%）	52.38	57.57	61.92	34.90	54.65
总数（家）		1 095	4 065	3 868	1 751	10 779
支付（家）		518	2 511	2 443	653	6 064
支付百分比（%）		47.30	61.77	63.15	37.29	56.25

注：支付指支付股利的企业数量；不支付指不支付股利的企业数量。

从表 3-2 可以看出，支付股利的上市公司总体处于成长期的公司数最多（2 511 家），成熟期的次之（2 443）。但成熟期的现金股利支付百分比（63.15%）略高于成长期的支付百分比（61.77%）。处于初创期的公司数最少，支付百分比略高于衰退期。处于各个生命周期阶段的上市公司，支付现金股利的平均百分比为 56.25%，高于初创期和衰退期的支付百分比，但低于成长期及成熟期的支付百分比。国有企业的支付百分比在成长期、成熟期和衰退期高于非国有企业，从全局来看，整个生命周期的支付百分比呈倒"U"形姿态并在成熟期达到顶峰。

为了分析 TobinQ、Sgre、Payout 变化趋势，本书将不同生命周期阶段的分析结果列示在表 3-3 中。

表 3-3　　　　　　　　　　相关变量描述性统计

变量		初创期		成长期		成熟期		衰退期	
		均值	中值	均值	中值	均值	中值	均值	中值
国有企业	TobinQ	1.63	1.41	1.59	1.37	1.77	1.49	1.85	1.51
	Sgre	0.37	0.11	0.38	0.12	0.12	0.07	0.28	0.07
	Payout	0.47	0.13	0.44	0.20	0.45	0.22	0.29	0.00
非国有企业	TobinQ	1.92	1.71	1.89	1.65	2.28	1.86	2.32	1.95
	Sgre	0.57	0.17	0.62	0.16	0.11	0.07	0.60	0.08
	Payout	0.24	0.03	0.35	0.12	0.35	0.19	0.19	0.00

从表 3 - 3 来看，国有企业的 TobinQ 呈现典型的倒"U"形，在衰退期到顶峰。在生命周期的各个阶段，与非国有企业相比，国有企业的股利支付率均大于非国有企业，TobinQ 和非成熟期的可持续增长率均值却小于非国有企业。在成长期可持续增长率均达到最大值，非国有企业的为 0.62，国有企业的为 0.38。对现金股利支付率而言，其态势为先增后减，在成长期或成熟期达到最大值，在衰退期变为最小值。

无论国有企业还是非国有企业，企业价值在衰退期达到最大值，在成长期企业高速增长财务战略采用扩张型，在这个阶段可持续增长率均达到顶峰。由于国有企业的股利支付率在生命周期的各个阶段均大于非国有企业，由此可以看出，国有企业的股利分配力度较大。

（2）相关性分析

将变量之间的相关系数列示于表 3 - 4 中。

表 3 - 4　　　　　　　　　　变量的相关性分析

变量	TobinQ	Div_dum	Div_cash	Sgre	Cash/A	Debt_R	LnA	TOP1	TS
TobinQ	1.000								
Div_dum	-0.043***	1.000							
Payout	-0.085***	0.885***	1.000						
Sgre	0.119***	-0.004	-0.170***	1.000					
Cash/A	-0.073***	0.196***	0.148***	0.082***	1.000				
Debt_R	-0.304***	-0.080***	-0.084***	-0.078***	0.078***	1.000			
LnA	-0.384***	0.251***	0.189***	0.094***	0.274***	0.405***	1.000		
TOP1	-0.199***	0.139***	0.145***	0.033**	0.113***	0.022	0.221***	1.000	
TS	0.268***	-0.052***	-0.064***	-0.217***	0.011	0.094***	0.013	-0.379***	1.000

注：***、**分别表示在 1%、5% 水平上显著。

从表 3 - 4 可以看出，可持续增长率与企业价值 TobinQ 值正相关，且在 1% 水平上显著，说明企业可持续增长有利于提升企业价值；是否支付股利、股利支付率与企业价值负相关，且在 1% 水平上显著，说明企业支付股利不利于企业价值的提升；可持续增长率与是否支付股利负相关，但在统计上不显著。

（三） 回归分析

（1） 基于可持续增长的公司分红与企业价值。在生命周期视角下，按照模型（3－1），用相关样本对是否支付现金股利与企业价值进行回归分析，所得结果列示于表 3－5 中。

表 3－5　　生命周期视角下是否支付现金股利与企业价值的回归结果

变量	初创期		成长期		成熟期		衰退期	
	国有企业	非国有企业	国有企业	非国有企业	国有企业	非国有企业	国有企业	非国有企业
C	4.765 ***	7.541 ***	4.456 ***	6.654 ***	4.538 ***	8.642 ***	15.542 ***	12.055 ***
Div_dum	− 0.233 **	0.132	− 0.541 *	− 0.076	0.065	0.054	0.165	− 0.074
Sgre	− 0.065	0.165	− 0.054	− 0.033 **	0.122 *	1.251 ***	0.054	0.073
Cash/A	− 0.028	− 0.657	0.076	0.026	0.067 **	0.765 **	0.076	0.029
Debt_R	− 1.653 ***	− 0.784	− 1.763 ***	− 1.278 ***	− 1.531 ***	− 2.465 ***	− 0.511 *	− 1.557 ***
LnA	− 0.073 *	0.054 ***	− 0.176 ***	− 0.263 ***	− 0.176 ***	− 0.263 ***	− 0.564 ***	− 0.436 ***
TOP1	− 0.065	1.763	0.000	0.001	0.000	0.000	− 0.027 **	− 0.333 **
TS	0.076	0.221 ***	0.6117 ***	1.073 ***	0.244 ***	1.703 ***	0.077	0.437 *
Year_dum	控制	控制	控制	控制	控制	控制	控制	控制
F	8.763 ***	15.652 ***	31.763 ***	32.887 ***	37.516 ***	35.444 ***	13.328 ***	21.453 ***
AdjR^2	0.327	0.377	0.367	0.355	0.376	0.372	0.237	0.448
VIF	<2	<2	<2	<2	<2	<2	<2	<2
N	444	651	1 995	2 070	1 969	1 899	820	931

注：*** 、** 、* 分别表示在 1% 、5% 和 10% 水平上显著。

从表 3－5 可以看出，F 值均在 1% 水平上显著，说明回归方程总体上有效。除衰退期国有企业方程的调整 R^2 略小，为 0.273 以外，其他生命周期阶段方程的调整 R^2 均在 30% 以上，表明各自变量解释能力较强。要指出的是，表中各回归模型变量的方差膨胀因子 VIF 值均在 2 以下，表明回归结果受多重共线性影响较小。

以上分析说明，在成长期，支付现金股利会导致企业价值的下降，国有企业符合我们的假设及理论分析。因为处于成长期的企业对资金的需求量较大，此时进行现金股利的分配，会使企业的可用资金大幅的减少，从而丧失较好的投资项目，进而降低企业的价值。但在其他生命周期阶段，是否支付现金股利与企业价值的关系则不那么稳定。在生命周期的所有阶段，流通股比率与企业价值显著正相关，在成长期和成熟期的影响值最大。企业流通股比例越大，股权集中度较小时，支付现金股利能有效提升企业价值，对非国有企业而言效果更明显。此外，除初创期非国有企业外，公司规模在所有生命周期阶段与企业价值显著负相关。这说明了中国上市公司规模的壮大并没发挥相应的规模效应，在衰退期时更明显，存在公司内部资源整合不足的现象。

在生命周期视角下，按照模型（3-2），分周期对现金股利支付率与企业价值进行回归分析，所得结果列示于表3-6中。

表3-6　　生命周期视角下现金股利支付率与企业价值的回归结果

变量	初创期 国有企业	初创期 非国有企业	成长期 国有企业	成长期 非国有企业	成熟期 国有企业	成熟期 非国有企业	衰退期 国有企业	衰退期 非国有企业
C	5.541***	7.644***	4.774***	6.511***	4.541***	8.035***	8.142***	12.816***
Payout	-0.023	-0.056	-0.026*	-0.042	0.025	0.0531	0.065	-0.124*
Sgre	-0.045	-0.085	-0.042	-0.064**	0.146*	1.263***	1.815***	0.054
Cash/A	-0.025	0.121	0.036**	0.053	0.041**	0.115**	0.145**	0.055
Debt_R	-1.578***	-0.675*	-1.237***	-1.236***	-1.622***	-2.563***	-2.453***	-1.763***
LnA	-0.126**	-0.243***	-0.128**	-0.263***	-0.115**	-0.253***	-0.253***	-0.453***
TOP1	-0.015	0.000	0.000	0.001	0.010*	0.002	0.000	-0.045**
TS	0.025	1.243***	0.648***	1.063***	0.756***	1.752***	1.653***	0.510*
Year_dum	控制	控制	控制	控制	控制	控制	控制	控制
F	8.279***	11.721**	35.357***	33.821***	36.932***	35.547***	17.115***	21.035***
AdjR²	0.322	0.344	0.336	0.321	0.361	0.344	0.253	0.444
VIF	<2	<2	<2	<2	<2	<2	<2	<2
N	444	651	1 995	2 070	1 969	1 899	820	931

注：***、**、*分别表示在1%、5%和10%水平上显著。

从表 3 - 6 可见，F 值均显示在 1% 水平上显著，说明回归方程总体上有效。除衰退期国有企业方程的调整 R^2 略小，为 0.253 以外，其他生命周期阶段方程的调整 R^2 均在 30% 以上，表明各自变量的解释能力较强。要指出的是，表中各回归模型变量的方差膨胀因子 VIF 值均在 2 以下，表明回归结果受多重共线性影响较小。

在前两个生命周期，无论是国有企业还是非国有企业可持续增长率与企业价值负相关，在后两个生命周期正相关且在 1% 水平上显著。在成熟期开始考虑可持续增长能力有助于提升企业价值，从表 3 - 6 中可以看出，在初创期、成长期和成熟期非国有企业的影响力度更大。

回归分析表明，在初创期，现金股利支付率的提高会降低企业的价值，符合本书的假设和理论分析。因为刚进入市场，利润和现金流入均较低且资金需求量大，不宜分配现金股利或尽量少分股利。在成长期，现金股利支付率与企业价值成负相关关系，符合假设及理论分析。此时企业飞速发展，资金缺口较大，应降低现金股利支付率，满足企业的资金需求，从而提高企业价值。在成熟期，现金股利支付率与企业价值正相关关系，此时企业已步入成熟期，未来的现金流入可以支撑较高的股利支付率。将多余的现金以股利的形式分配给股东，提高了资金的利用率，进而也提高了企业的价值，所以此时可以适当地提高现金股利支付率。但在衰退期，现金股利支付率与企业价值的关系不是很稳定。

（2）国有企业分红与可持续增长相关。

第一，上市公司股利分配与可持续增长的频数分析。本书对国有企业和非国有企业股利分配和可持续增长的频数进行了分析，将可持续增长率按照增长的快慢分成六个组：增长为 0 以下、0 ~ 20%、20% ~ 40%、40% ~ 60%、60% ~ 80%、80% 以上，企业性质分别用 1 和 0 表示，分别按照国有企业和非国有企业进行分组，如表 3 - 7 所示。

从表 3 - 7 中可以发现在可持续增长快慢的各个区域国有企业和非国有企业两类企业所占比例是一样的，没有明显差别，增长 80% 以上的大部分是非国有企业，占总数的 63.86%。企业的可持续增长率主要集中在 0 ~ 20% 这一组，六组中占总数的 58.80%，且在这一组中支付股利的数量远大于不支付股利的数量。

表 3 - 7 　　　　　　　　　上市公司股利分配、可持续增长的频数分析

项目		可持续增长率%						合计
		小于 0	0 ~ 20%	20% ~ 40%	40% ~ 60%	60% ~ 80%	大于 80%	
国有企业	支付（家）	416	1 811	415	110	65	221	3 038
	不支付（家）	359	1 259	155	101	89	227	2 190
	合计（家）	775	3 070	570	211	154	448	5 228
	占国有企业比例（%）	14.82	58.72	10.90	4.04	2.94	8.56	100.00
	占该增长率频段总数比例（%）	56.61	49.49	46.37	46.68	50.49	36.69	48.50
	占企业总数比例（%）	7.18	28.48	5.28	1.95	1.42	4.15	48.50
非国有企业	支付（家）	324	1 705	400	132	96	377	3 034
	不支付（家）	270	1 428	259	109	55	396	2 517
	合计（家）	594	3 133	659	241	151	773	5 551
	占非国有企业比例（%）	10.07	56.44	11.87	4.34	2.72	1 392	100.00
	占该增长率频段总数比例（%）	43.39	50.51	53.63	53.32	49.51	63.31	51.49
	占企业总数比例（%）	5.51	29.06	6.11	2.23	1.40	7.17	51.49
合计	支付（家）	740	3 516	815	242	161	598	6 072
	不支付（家）	629	2 687	414	210	144	623	4 707
	合计（家）	1 369	6 203	1 229	452	305	1 221	10 779

第二，是否支付股利与可持续增长回归分析。在生命周期视角下，按照模型（3 - 3），分周期对是否支付现金股利与可持续增长进行回归分析，所得结果列为表 3 - 8 中。

表 3 - 8 　　　　　　　　是否支付股利与可持续增长回归结果

变量	初创期		成长期		成熟期		衰退期	
	国有企业	非国有企业	国有企业	非国有企业	国有企业	非国有企业	国有企业	非国有企业
C	- 13.323 ***	- 16.117 ***	- 7.916 ***	- 11.667 ***	- 4.434 **	- 7.542 ***	- 23.343 ***	- 22.452 ***
Sgre	- 0.553	- 0.141	- 0.765 ***	- 0.454 ***	- 1.022 **	- 0.826 *	- 0.153	- 0.745 **

续表

变量	初创期		成长期		成熟期		衰退期	
	国有企业	非国有企业	国有企业	非国有企业	国有企业	非国有企业	国有企业	非国有企业
Cash/A	−0.225	0.122	0.276**	0.265*	0.815***	0.516***	0.075	0.234*
Debt_R	−2.067	−2.857***	−2.586***	−2.216***	−4.165***	−3.754***	−2.653***	−3.120***
LnA	0.816***	0.866***	0.454***	0.541***	0.301***	0.576***	1.154***	1.150***
TOP1	0.031	−0.053	0.013	0.001	0.032**	0.021	0.052*	0.043
TS	0.467	−0.564	−0.765	−0.714*	−0.311	−1.616***	1.123**	−0.337
Year_dum	控制	控制	控制	控制	控制	控制	控制	控制
x^2	25.411***	28.154***	71.665***	75.411***	131.435***	101.815***	64.281***	72.471***
N	444	651	1 995	2 070	1 969	1 899	820	931

注：***、**、*分别表示在1%、5%和10%水平上显著。

由表3-8可见，在生命周期的不同阶段，无论是国有企业还是非国有企业，是否支付现金股利与可持续增长存在负相关关系，成长期均在1%水平上显著，成熟期分别在5%和10%水平上显著。在初创期和衰退期负相关但结果并不显著，表明企业是否发放现金股利的决策可能并非完全根据其成长性而做出的。另外，除衰退期，国有企业在生命周期的其他三个阶段可持续增长率的系数的绝对值都大于非国有企业的，在发放现金股利时，国有企业更多地考虑了企业的可持续增长。

在生命周期的四个阶段，对国有企业和非国有企业而言，是否支付股利与企业规模正相关，且都在1%水平上显著。表明企业的规模越大越有可能发放现金股利。非国有企业比国有企业的企业规模系数更大，说明在发放现金股利时非国有企业的公司规模影响更大。是否支付现金股利与公司的经营现金净流量、第一大股东持股比例正相关，与资本结构负相关，当公司实力较强，有充足的现金盈余和较低的资产负债率时，公司更倾向于发放现金股利。

（四）稳健性检验

为了排除结论的偶然性，以销售收入增长率作为可持续增长率的替代变量，对是否支付现金股利和可持续增长做稳健性检验，结果列示在表3-9中。

表 3 - 9　　　　　　　是否支付股利与销售收入增长率回归结果

变量	初创期		成长期		成熟期		衰退期	
	国有企业	非国有企业	国有企业	非国有企业	国有企业	非国有企业	国有企业	非国有企业
C	-12.547***	-15.542***	-7.426***	-14.542***	-4.812**	-7.442***	-25.441***	-20.213***
Sgre	-0.041	-0.056	-0.443***	-0.052	-0.002*	-0.031	-0.001	-0.164*
Cash/A	-0.183	0.541	0.221**	0.161	0.756***	0.448**	0.064	0.263*
Debt_R	-1.524	-2.432**	-1.475**	-1.401**	-3.933***	-3.636***	-2.611**	-3.373**
LnA	0.732***	0.842***	0.361**	0.625**	0.223**	0.463**	1.136***	0.915***
TOP1	0.021*	-0.015	0.015*	0.002	0.012**	0.021	0.023*	0.034
TS	0.804	-0.327	-0.043	-0.004	-0.221	-1.564***	1.542**	-0.066
Year_dum	控制	控制	控制	控制	控制	控制	控制	控制
x^2	21.132***	22.131***	71.665***	76.420***	120.137***	119.824***	61.241***	70.453***
N	444	651	1 995	2 070	1 969	1 899	820	931

注：***、**、*分别表示在1%、5%和10%水平上显著。

从表3-9中可以看到，方程的卡方在1%水平上显著，方程总体上是有效的。当销售收入增长率为自变量时，是否支付股利与销售增长率的关系在不同的生命周期下与模型（3-3）相同。在生命周期的不同阶段，无论是国有企业还是非国有企业，是否支付现金股利与可持续增长存在负相关关系，衰退期国有企业除外（系数为0）。但国有企业在成长期、成熟期分别在1%和10%水平上显著，衰退期的非国有企业在10%水平上显著。国有企业在初创期以及非国有企业在成长期、成熟期负相关但结果并不显著。与模型（3-3）的结果相比，虽然相关性的符号大致相同，但销售增长率的系数的绝对值均比可持续增长率下的小，因为样本数据中，对大多数企业而言，销售收入增长率略高于可持续增长率。说明本书的研究结论是稳健的。

四、研究结论

（一）生命周期的不同阶段，股利政策对企业价值的影响不一样

从描述性统计分析中得出，在成长期和成熟期，企业更倾向于支付现金股

利，国有企业的支付百分比大于非国有企业。在成长期，国有企业样本中，是否支付股利与企业价值负相关，但对于非国有企业而言是否支付现金股利并不显著影响企业的价值。在成长期，国有企业样本中，股利支付率与企业价值负相关，同样非国有企业样本中，股利支付率与企业价值之间并不存在显著的关系。可持续增长率的方向与股利支付率一致，说明在制定国有企业现金股利政策时，一定程度上需要考虑可持续增长情况。

（二）正常增长的企业更偏好发放现金股利

上市公司股利分配与可持续增长的频数分析中，企业可持续增长率在 $0 \sim 20\%$ 内时支付股利的数量远大于不支付股利的数量，说明企业在保持正常增长时更倾向于发放股利，而在负增长或超额增长时较少发放现金股利。由于在负增长时企业的现金流短缺，没有足够的资金发放现金股利，而企业的超额增长必须有大额的资金补入，除将企业利润弥补资金需求外，可能需要对外举债，提升企业财务杠杆。

（三）基于现金流特征组合的生命周期阶段划分具有一定的合理性

从本部分的研究结果可以看出，我国的上市公司当中存在着现金流的差异性，依据这些现金流特征的不同将企业划分为不同的生命周期阶段，并对不同阶段企业的分红行为进行了研究，最终发现这种划分生命周期阶段的方法能够较好的体现不同企业的现金股利政策差异，对企业现金股利行为起到了较好的解释作用，印证了这一划分方法的合理性。

第二节　可持续增长战略下的终极控制人与国有企业分红

国有上市公司的终极控制人都是政府，但是，管理公司的国家代理机构不同，对企业的影响也不尽相同。国家作为终极控制人时，进一步分为中央政府和地方政府。对于股权分散的公司，现金股利能减少终极控制人控制公司的资源，同时减少了终极控制人的利益侵占；对于股权集中的国有控股上市公司，由于所有者缺位和股权集中，委托代理链变长，管理者可能通过红利发放来增加自己的财富。国有控股上市公司在发放现金股利时可能会考虑到可持续发展的需要，不一定是内部控制人侵占上市公司和小股东的利益。尽管有学者从终极控制人的角度探讨了现金股利政策，但并没有专门针对国有企业分红，从可持续增长的角度来进行研究。在考虑国有上市公司可持续增长战略的情况下，终极控制人的存在会对国有上市公司的现金股利政策产生怎样的影响？本书结合上市公司的财务战略和终极控制人来对这些问题进行系统研究。

一、可持续增长战略下的终极控制人与国有企业分红理论分析

（一）终极控制人与国有企业分红

不同的国有上市公司终极控制人不同，其红利政策不同。对于终极控制人为中央政府的国有控股上市公司来说，更少考虑公司的可持续增长的需要，红利分配和股利支付率大于终极控制人为地方政府的国有上市公司。当国有控股上市公司实际增长率大于可持续增长率时，终极控制人为中央政府的公司对红利发放比较谨慎，一般红利发放比终极控制人为地方政府的公司少。当终极控制人为中央政府时，由于国有控股上市公司的终极控制人（政府）的缺位，国有控股上市公司的实际控制人是内部人，终极控制人为中央政府的国有控股上市公司发放股利多受政策约束，而不会考虑国有控股上市公司的可持续发展；而当终极控制人为地方政府时，委托代理链变短，为了自身的业绩，地方政府一般会考虑国有控股上市公司的可持续发展，因此，地方政府对国有控股上市公司发放股利有约束。

（二）可持续增长率、终极控制人与国有企业分红

由于终极控制人为中央政府的国有控股上市公司的委托代理链比终极控制人为地方政府的国有控股上市公司的长，再加上终极控制人为中央政府的国有

控股上市公司融资比终极控制人为地方政府的国有控股上市公司容易，所以现金股利发放不考虑可持续增长的需要。可持续增长越快，可能会造成发放现金股利越多。但当国有控股上市公司实际增长率大于可持续增长率时，终极控制人为中央政府的公司对红利发放可能会比较谨慎。

基于可持续增长背景下，国有企业分红与终极控制人的理论分析提出以下假设：

假设 H12：对于终极控制人为中央政府的国有控股上市公司来说，更少考虑公司的可持续增长的需要，红利分配和股利支付率大于终极控制人为地方政府的国有上市公司。

二、研究思路

本书以实际控制人性质为标准选取 2008～2018 年所有在上海证券交易所和深圳证券交易所上市的 A 股国有控股上市公司为初始研究样本[①]，数据均来自中国证券市场会计研究数据库（CSMAR），终极控制人数据根据股东控股关系图手工收集，剔除了金融类上市公司、同时发行有 B 股或 H 股的样本、终极控制权发生变动的公司、难以确定终极控制人的股权制衡公司、2005 年进行了股权分置改革的 88 家国有控股上市公司和缺少可持续增长率数据的公司，得到 8 974个观测值。并按照实际增长率与可持续增长率的差值分组。

本书采用现金股利和现金股利支付率两个会计指标来衡量分红比例，因变量现金股利（DPS）和现金股利支付率（Payout）采用两者的对数，分别用 Log-DPS 和 LogPayout 表示。主要解释变量有：终极控制人、可持续增长指标、现金流权、控制权、控制权与现金流权分离度。终极控制人为虚拟变量（Govern），终极控制人是中央政府时，Govern 为 1，终极控制人是地方政府时，Govern 为 0。可持续增长指标根据希金斯（1998）和汤谷良等（2005）的分析，用权益增长率（Sgre）来衡量；用销售增长率作为实际增长率，用实际增长率与可持续增长

[①] 2005～2006 年中国资本市场完成股权分置改革，2007 年 9 月，国务院发布《关于试行国有资本经营预算的意见》，导致中央控制企业的股利分配与地方政府控制国有企业的分红出现差异，故选择了 2007 年以后的样本区间。

率的差,表示差异增长率(Sgrs_e)。考虑可持续增长的内生性问题,对可持续增长指标滞后一期处理,在变量前加 L,用 LSgre 表示。考虑到终极控制人与可持续增长的交互作用,增加终极控制人与可持续增长的交乘项,用 LSgre × Govern 表示。现金流权(Ownership)为实际控制人拥有上市公司所有权比例。控制权(Controlship)为终极控制人直接和间接持有投票权的总和。控制权与现金流权分离度(Oc)为现金流权与控制权的比值。本书引进的控制变量有企业规模(LnA)、负债率(Debt_R)、股本结构(Npts)、累积可分配利润(Kflr)、速动比例(Sdbl)、每股净资产(Mroe)、销售情况(Zyywsr)、经营活动产生的现金流量净额(Jyhdxjd)。由于股利与获利能力高度相关,本书引入 EPS 每股收益、EPS^2 每股收益平方、EPS^3 每股收益立方和净资产收益率(ROE)作为获利能力指标。此外,本书还设置了行业虚拟变量(Ind_dumi),以综合行业为基准,Ind_dum1 为工业、Ind_dum2 为地产、In_dum3 为公共事业、Ind_dum4 为商业;设置了年度虚拟变量(Year_dum)。

本书构建了两个模型,式(3 - 4)和式(3 - 5):

$$
\begin{aligned}
LogDPS = {} & \alpha + \beta_1 Govern + \beta_2 LSgre + \beta_3 LSgre \times Govern + \beta_4 LnA + \beta_5 Kflr \\
& + \beta_6 Npts + \beta_7 Zyywsr + \beta_8 Jyhdxjd + \beta_9 Sdbl + \beta_{10} EPS + \beta_{11} EPS^2 \\
& + \beta_{12} EPS^3 + \beta_{13} More + \beta_{14} Debt\_R + \beta_{15} ROE + \sum_{i=1}^{4} \beta_{15+i} Ind\_dumi \\
& + \beta_{20} Year\_dum1 + \beta_{21} Year\_dum2 + \varepsilon
\end{aligned} \tag{3 - 4}
$$

$$
\begin{aligned}
LogPayout = {} & \alpha + \beta_1 Govern + \beta_2 LSgre + \beta_3 LSgre \times Govern + \beta_4 LnA + \beta_5 Kflr \\
& + \beta_6 Npts + \beta_7 Zyywsr + \beta_8 Jyhdxjd + \beta_9 Sdbl + \beta_{10} EPS + \beta_{11} EPS^2 \\
& + \beta_{12} EPS^3 + \beta_{13} More + \beta_{14} Debt\_R + \beta_{15} ROE + \sum_{i=1}^{4} \beta_{15+i} Ind\_dumi \\
& + \beta_{20} Year\_dum1 + \beta_{21} Year\_dum2 + \varepsilon
\end{aligned} \tag{3 - 5}
$$

三、分析过程

(一)描述统计分析

将总样本按照差异增长率大于 0 和差异增长率小于 0 分成两个子样本,得到相关变量的描述性统计结果如表 3 - 10 所示。

表 3 - 10   **变量描述性统计分析**

变量	差异增长率小于 0 的样本				差异增长率大于 0 的样本				均值检验
	Mean	Std. Dev.	Min	Max	Mean	Std. Dev.	Min	Max	p 值
LogDPS	− 2.46	0.942	− 7.799	− 0.11	− 2.26	0.8	− 7.68	0.062	0.0038
LogPayout	− 0.77	1.101	− 7.353	2.485	− 0.75	0.79	− 6.07	2.996	0.7634
DPS	0.12	0.113	0.0004	0.9	0.139	0.11	5E − 04	1.064	0.0608
Payout	0.84	1.396	0.0006	12	0.669	1	0.002	20	0.0615
Sgre	0.11	0.736	− 0.081	14.02	0.057	0.07	− 0.14	0.834	0.0085
Govern	0.22	0.413	0	1	0.17	0.38	0	1	0.0353
LSgre	0.14	0.775	− 0.037	14.02	0.056	0.07	− 0.14	1.519	0.0005
LSgre × Govern	0.07	0.772	− 0.033	14.02	0.011	0.04	− 0.08	0.403	0.0080
Ownership	0.43	0.181	0.017	0.838	0.445	0.18	0.025	0.85	0.0764
Controlship	0.46	0.167	0.1005	0.85	0.479	0.16	0.101	0.85	0.0587
Oc	0.91	0.179	0.096	1	0.921	0.17	0.091	1	0.5443

由表 3 - 10 可以看出，平均而言，差异增长率大于 0 的国有控股上市公司现金股利的均值显著高于差异增长率小于 0 的国有控股上市公司；差异增长率大于 0 的国有控股上市公司股利支付率对数大于差异增长率小于 0 的国有控股上市公司，但差异增长率大于 0 的国有控股上市公司当期和前一期的可持续增长率显著小于差异增长率小于 0 的国有控股上市公司，这一结果不能用可持续增长理论来解释，也初步证实了国有控股上市公司的红利发放不是基于可持续发展的需要。国有控股上市公司的控制权和现金流权并未分离，分离度的均值达90%以上，两个子样本分离度的均值没有明显差异。差异增长率大于 0 的国有控股上市公司终极控制人的均值显著小于差异增长率小于 0 的国有控股上市公司，这说明差异增长率大于 0 的国有控股上市公司终极控制人多为地方政府，地方政府更有可能不考虑公司的可持续发展要求，这与报告的预期相同。从表 3 - 10 的结果来看，差异增长率大于 0 的国有控股上市公司现金股利和股利支

付率的均值大于 0，根据可持续增长理论，当实际增长率大于可持续增长率时，公司会出现资金短缺，需要进行融资，此时，不应支付现金股利，这与可持续增长理论不符。

（二）相关性分析

限于篇幅，本书没有列示相关性分析的结果，仅列示其中几个重要发现：第一，当前和滞后一期的可持续增长与现金股利变量呈显著正相关，与股利支付率变量呈显著负相关，可持续增长对国有企业分红的影响是正的还是负的，有待进一步检验；第二，终极控制人与现金股利变量呈显著正相关，与股利支付率变量呈显著负相关。终极控制人对国有企业分红的影响是正的还是负的，同样有待进一步检验，本书将通过回归分析来进一步验证这些假设。

（三）回归分析

本书通过 OLS 加怀特异方差标准误来估计模型（3-4）、模型（3-5），主要解释变量的回归结果如表 3-11 所示。在全样本和子样本中，总体而言，每一个模型的 F 值在 10 以上，所以在 1% 水平上通过了 F 检验，模型都有效；每个模型的调整 R^2 都达到 0.3 以上，具有较强解释能力。上述回归结果表明：在全样本中，对于终极控制人为中央政府的国有控股上市公司（以下简称中央国有企业）来说，更少考虑公司的可持续增长的需要，红利分配和股利支付率大于终极控制人为地方政府的国有上市公司。实证结果支持了本书的假设 H12。进一步将样本分为差异增长率大于 0 和差异增长率小于 0 两个子样本，结果发现，在差异增长率大于 0 的样本中，回归结果与全样本一样，也是显著负相关，而差异小于 0 的样本，虽然也是负相关，但不显著。这说明，在考虑可持续增长率的情况下，终极控制人为中央政府的国有控股上市公司与终极控制人为地方政府的国有上市公司对于现金分红的偏好存在一定的差别，在差异增长率大于 0 的样本中，中央国有企业对现金分红表现得更为谨慎，而在差异增长率小于 0 的样本中，终极控制人是否为中央政府对企业的分红并不存在显著影响。

表 3 - 11 主要解释变量的回归结果

变量	全样本	子样本		全样本	子样本	
		Sgrs_e > 0	Sgrs_e < 0		Sgrs_e > 0	Sgrs_e < 0
	模型 (1)	模型 (1)	模型 (1)	模型 (2)	模型 (2)	模型 (2)
C	-4.173*** (0.472)	-3.781*** (0.530)	-5.579*** (1.402)	-0.877* (0.507)	-0.583 (0.562)	-2.014 (1.594)
Govern	-0.228*** (0.0757)	-0.157* (0.0902)	-0.0796 (0.174)	-0.227*** (0.0782)	-0.169* (0.0916)	-0.0646 (0.179)
LSgre	-1.739*** (0.617)	-2.173*** (0.652)	0.414 (1.239)	-1.783*** (0.591)	-2.254*** (0.603)	0.738 (1.161)
LSgre × Govern	2.053*** (0.623)	0.596 (1.050)	0.578 (0.967)	1.728*** (0.600)	0.458 (1.032)	0.0652 (0.901)
Observations	844	689	155	844	689	155
AdjR^2	0.352	0.394	0.357	0.340	0.328	0.515
F	25.15	21.25	13.61	17.91	22.08	10.65

注: ***、*分别表示在1%、10%水平上显著。

(四) 稳健性检验

报告将放宽终极控制人控制权水平的限制,将样本拓展到10%控制权水平以上。10%控制水平的样本与样本总体几乎是一致的。此外,控制水平在20%以上的样本占全部样本的84.4%,而几乎全部样本都处于10%的控制水平以上,可见我国上市公司的控制权是非常集中的。在10%控制权水平以上的全样本和差异增长率大于0的子样本中,变量Govern和LSgre的系数依然显著为负,在差异增长率小于0的子样本,变量Govern的系数为负但不显著,LSgre的系数为正但不显著。在10%控制权水平以上的全样本中,终极控制人与可持续增长的交乘项的系数显著为正,在子样本中,系数为正但不显著。另外,报告加入现金流权、控制权和控制权与现金流权分离度等变量到模型进行检验,发现都不显著。这种结果的原因可能是国有控股上市公司的股权集中和控制权与现金流权未分离。限于报告篇幅没有列示此结果,在拓宽样本规模后的两个模型回归结果基本保持不变,说明上述研究结论在终极控制人、可持续增长与国有企业分红的关系在不同的控制水平上具有较好的稳健性。

四、研究结论

（一）不同终极控制人控制的国有上市公司的红利政策不同

本部分的研究结果表明：终极控制人为中央政府的国有企业较地方国有企业而言，发放了更多的现金股利，具体体现在这两类国有企业制定现金股利政策时对可持续增长率的考量上。中央企业较少考虑可持续增长这一指标，发放现金股利时并没有将企业的持续发展纳入考量，而地方国有企业在制定现金股利政策时，会更多地参考可持续增长率，减少现金股利的发放。而当国有控股上市公司实际增长率大于可持续增长率时，终极控制人为中央政府的公司对红利发放比较谨慎，一般红利发放比终极控制人为地方政府的公司少。

（二）当国有控股上市公司实际增长率小于可持续增长率时，终极控制人、可持续增长对现金股利和股利支付率没有影响

划分了实际增长比率与可持续增长率区间后，研究发现终极控制人的不同对企业现金股利所产生的影响在公司实际增长率小于可持续增长率时不存在。也就是说，当国有企业的实际增长率小于可持续增长率时，无论是中央控制还是地方控制的国有企业在现金股利政策上并不存在明显差异。

第三节 政治关系与国有企业分红

政治关系在世界范围内普遍存在，是经济学和管理学领域内研究的一个热点问题。以往的研究表明，政治关系对融资行为、投资行为都产生了一定的影响，但还鲜有政治关系对股利分配影响的研究。在我国，政治关联是一种较为特殊的非正式制度，有时会导致"市场失灵"，企业行为也会发生一定的变化，

做出如过度投资、超能力派现等种种非理性行为。

根据融资、投资、股利分配的互动性，政治关系也应该会对股利分配造成一定的影响，可能会影响到企业的分配行为，进而影响着相关制度的制定和落实。杨汉明等（2009）的研究表明：政治关系的存在会对现金股利支付水平造成一定的影响，且这种影响与企业所处的外部治理环境和企业自身的可持续增长水平有关。杨汉明等（2010）以 2004～2005 年民营上市公司为样本，以融资约束与公司业绩为研究路径，实证研究表明：政治关系只有在外部治理环境差的地区，才会对现金股利支付水平产生影响。杨汉明等（2011）以 2006～2007 年的国有上市公司为样本，实证研究表明：政治关系的存在会对可持续增长能力与现金股利支付水平的敏感程度产生影响，进而说明政治关系会结合可持续增长策略共同对现金股利政策产生影响。

一、政治关系与国有企业分红关系理论分析

（一）政治关系与国有企业分红

公司现金股利分配既受公司留存收益的制约，又与公司外部融资约束程度密切相关。融资约束程度不同的公司对留存收益的使用存在差别，导致其依赖于留存收益的公司财务行为表现也不尽相同，如投资决策、现金持有及股利分配等。由于信息不对称和代理冲突的客观存在，使得公司的内外部资金存在成本差异，从而产生了融资约束问题，而政治关联资源效应能够有效缓解公司融资约束，从而通过"放松"公司融资约束进而间接影响公司的现金股利分配行为。国外学者如鲁兹和奥贝霍尔泽（Leuz and Oberholzer，2006）研究表明在印尼有政府背景的公司由于容易获得贷款而基本不到国外融资。杰菲和罗素（Jaffee and Russell，1976）、斯蒂格里兹和温斯（Stiglitz and Weiss，1981）提出，金融市场的信息不对称和代理冲突，会导致公司的外部融资受到信贷配给不足的约束，与没有政治关联的公司相比，具有政治关联的公司更容易得到政府补贴或获得政府拨款等，银行等金融机构也更愿意为这些公司提供外部融资，从而比没有政治关联的公司更具有竞争优势，受到的融资约束程度更低。为了传递公司盈

利预期，具有政治关联的地方国有企业和民营公司会选择派发更高的现金股利（Su et. al.，2014）。

国内方面，吴文锋、吴冲锋和刘晓薇（2008）对中国民营企业的政府背景做了研究，得出政治关联可以带来融资便利的好处。罗党论和甄丽明（2008）研究也表明，拥有政治关联的企业融资约束较小。从融资约束的角度考虑，拥有政治关联的企业可以降低融资约束，进而增加股利的发放程度。于蔚等（2012）指出，政府对金融资源的配置仍存在过度干预行为，使其带有强烈的政策偏向性，而政治关联可引导这种偏向性，使得政治关联公司的融资门槛及融资成本均显著降低。当公司面临的融资约束程度较低时，现金股利分配意愿越强，股利分配水平也越高（徐寿福，2016）。刘金星（2013）以上海和深圳证券交易所上市的民营公司为样本，对终极控制股东的政治关联影响现金股利进行实证研究。结果发现，拥有政治关联的终极控制股东能够显著提高现金股利的支付意愿，现金股利的支付意愿与政治关联的层级显著正相关，但对公司股利支付率没有显著影响。但也有研究表明，政治关联虽然增加了企业融资便利性，但由于政治关联也会对融资约束假说中的"投资—现金"敏感度造成影响，从而"切断"了融资便利对现金股利政策的影响路径。政治关系的存在，在给企业带来融资便利的同时，也给企业带来了更多的政治干预和社会责任，使企业偏离了正常的经营轨道。政治关系可以给企业的外部投资者值得信任的信号，但在企业进行迎合政府的同时，却浪费了经营效率，不利于企业的可持续发展。

（二）政府官员类别、政治关系与国有企业分红

近年来，政治关系的定量中，越来越多的研究者将其分为两类：政府官员类和代表委员类（刘晓薇和吴文锋，2008；李维安和郝项超，2009；杜兴强、郭剑花和雷宇，2010 等）。政治关系对现金股利政策的影响主要来自代表委员类的官员。两者差异的原因本书认为是"曾任"和"现任"的不同。许多学者研究表明，只有代表委员类的政治关系才能发挥其"政治效应"，所以政府官员的类别不同也可能会对分红产生不同的影响。

（三）外部治理环境指数、政治关系与国有企业分红

一般而言，政治关系只能在法治水平低的地区才能发挥作用。在法治水平

低的地区，政治关系可作为法律的替代，从而影响到公司的业绩和股利的发放。而在法治水平高的地区，政治关系便受到法律的约束，很难发挥其对现金股利的影响作用。在市场化进程比较差的地区，政治关系发挥其对公司业绩的损害作用，进而影响股利政策。因为在市场化进程比较差的地区，信息高度不对称，企业为了建立竞争优势，获取稀缺资源，不得不利用一切手段进行政治"寻租"。由于市场化进程较差的地区存在严重的信息不对称、地区内部资源限制，所以企业为了自身的发展需要依靠政治关系来获得更多的信息与资源，此时政治关系影响了企业在此地区获取信息与经济资源等重要方面，所以具有政治关系的企业面临较小的融资约束，获得更好的发展，在此情况下公司的业绩和股利的发放都会有所不同。而在市场化进程比较高的地区，所有企业都比较公平、合理地获取资源和信息，政治关系就很难发挥其作用。

基于政治关系与国有企业分红的理论分析可知，国有企业在有无政治关系、政治关系类别差异的条件下会产生不同的分红行为，来面对内外部的融资环境，所以提出以下假设：

假设 H13a：与没有政治关系的企业相比，拥有政治关系的企业可能更愿意选择支付股利，且支付股利的数量较高。即政治关系哑变量与现金股利政策哑变量正相关，政治关系哑变量与每股现金股利正相关。

假设 H13b：政府官员类的政治关系强度与每股现金股利不相关；代表委员类的政治关系强度与每股现金股利正相关；政治关系强度与每股现金股利不相关。

假设 H13c：与国有企业相比，在民营企业中，政治关系（存在性、强度）对现金股利政策（是否支付、强度）的影响较大。

假设 H14a：在市场化进程慢的地区，政治关系（存在性、强度）与现金股利政策（是否支付、强度）正相关；在市场化进程快的地区，政治关系与现金股利政策不相关。

假设 H14b：在政府干预程度高的地区，政治关系（存在性、强度）与现金股利政策（是否支付、强度）正相关；在政府干预程度低的地区，政治关系与现金股利政策不相关。

假设 H14c：在法治环境水平低的地区，政治关系（存在性、强度）与现金股利政策（是否支付、强度）正相关；在法治环境水平高的地区，政治关系与现金股利政策不相关。

假设 H15a：与超常增长的企业相比，增长不足的企业中政治关系（存在性、强度）对现金股利支付水平的影响更大。

假设 H15b：在平衡增长的企业中，政治关系（存在性、强度）与现金股利支付水平不相关；在不平衡增长的企业中，政治关系（存在性、强度）与现金股利支付水平正相关。

二、研究思路

本书选取 2008～2018 年 A 股上市企业作为样本，并参考刘芍佳、孙霈和刘乃全（2003）和夏立军和方轶强（2005）关于"终极控制人"的理论，来选择区分国有企业和民营企业，并进行了如下处理：（1）由于金融企业和保险企业的资本结构与其他上市企业存在明显差异，本书剔除了金融和保险行业的样本；（2）由于同时发行 B 股或 H 股的企业会面临多重监管，本书剔除了同时发行 B 股或 H 股的企业；（3）剔除每股收益为负的企业，这是由于此类企业不符合股利的发放条件，一般不会进行现金股利的发放；（4）剔除中期进行股利分配的企业；（5）剔除发放股票股利或发放混合股利的企业；（6）剔除企业性质为 ST、*ST 的样本，这是由于此类企业会面临很多的财务困境，在这种特殊情况下，这类企业会有特殊的企业战略和财务行为，共得到 8 974 个观测值（考虑滞后变量后为 6 911 个观测值）。

本书以每股股利（DPS）来衡量股利政策；外部治理环境的指标来源于樊纲和王小鲁（2006）编制的各地区市场化进程数据及其子数据，分别为市场化指数（Market）、政府干预指数（Gov）、法治水平指数（Law）；政治关系指标承袭范等（Fan et al.，2007）及吴文锋等（2008）的方法，用董事长或 CEO 在政府的任职经历和担任人大及政协代表衡量高管的政治关系，并采用哑变量 Pol 表示，分别以 Pol_zf 衡量高管在政府的任职经历，以 Pol_db 衡量高管在人民代表大会及人民政协的政治关系；以营业收入增长率（YYG）来衡量实际增长水平；设置企业性质哑变量 ZJ_dum，根据"实际控制人"数据，国有企业取1，民营企业取0。

为了验证是否拥有政治关系的企业会提高股利的发放水平，本书构建模型如式（3-6）：

$$DPS = a_0 + a_1 Pol + a_2 L\ Cash/A + a_3 LLnA + a_4 LDebt\_R + a_5 LTOP1 + a_6 LEPS$$
$$+ a_7 Year\_dum + a_8 Ind\_dum + a_9 YYG + a_{10} ZJ\_dum + \varepsilon \qquad (3-6)$$

现金股利政策还受到外部治理环境影响。李林峰和罗宏（2008）实证验证了我国现金股利政策与市场化指数、政府干预指数正相关，与法治环境指数不相关。因此在模型（3-6）的基础上，本书在模型（3-7）~模型（3-9）中分别加入市场化指数、政府干预指数、法治环境指数进行控制，并在模型（3-10）中同时加入3个指数进行控制。

$$DPS = a_0 + a_1 Pol + a_2 L\ Cash/A + a_3 LLnA + a_4 LDebt\_R + a_5 LTOP1 + a_6 LEPS + a_7 Market$$
$$+ a_8 Year\_dum + a_9 Ind\_dum + a_{10} YYG + a_{11} ZJ\_dum + \varepsilon \qquad (3-7)$$

$$DPS = a_0 + a_1 Pol + a_2 L\ Cash/A + a_3 LLnA + a_4 LDebt\_R + a_5 LTOP1 + a_6 LEPS + a_7 Gov$$
$$+ a_8 Year\_dum + a_9 Ind\_dum + a_{10} YYG + a_{11} ZJ\_dum + \varepsilon \qquad (3-8)$$

$$DPS = a_0 + a_1 Pol + a_2 L\ Cash/A + a_3 LLnA + a_4 LDebt\_R + a_5 LTOP1 + a_6 LEPS + a_7 Law$$
$$+ a_8 Year\_dum + a_9 Ind\_dum + a_{10} YYG + a_{11} ZJ\_dum + \varepsilon \qquad (3-9)$$

$$DPS = a_0 + a_1 Pol + a_2 L\ Cash/A + a_3 LLnA + a_4 LDebt\_R + a_5 LTOP1 + a_6 LEPS + a_7 Market$$
$$+ a_8 Gov + a_9 Law + a_{10} Year\_dum + a_{11} Ind\_dum + a_{12} YYG + a_{13} ZJ\_dum + \varepsilon$$
$$(3-10)$$

为了验证是否代表委员类的政治关系与现金股利政策相关，政府官员类的政治关系与现金股利政策不相关，本书在模型（3-6）的基础上，用 Pol_zf 和 Pol_db 分别替换 Pol，从而构建了模型（3-11）和模型（3-12），为了同时考虑 Pol_zf 和 Pol_db 对现金股利政策的影响，本书构建了模型（3-13）。

$$DPS = a_0 + a_1 Pol\_zf + a_2 L\ Cash/A + a_3 LLnA + a_4 LDebt\_R + a_5 LTOP1$$
$$+ a_6 LEPS + a_7 Market + a_8 Gov + a_9 Law + a_{10} Year\_dum$$
$$+ a_{11} Ind\_dum + a_{12} YYG + a_{13} ZJ\_dum + \varepsilon \qquad (3-11)$$

$$DPS = a_0 + a_1 Pol\_db + a_2 L\ Cash/A + a_3 LLnA + a_4 LDebt\_R + a_5 LTOP1$$
$$+ a_6 LEPS + a_7 Market + a_8 Gov + a_9 Law + a_{10} Year\_dum$$
$$+ a_{11} Ind\_dum + a_{12} YYG + a_{13} ZJ\_dum + \varepsilon \qquad (3-12)$$

$$DPS = a_0 + a_1 Pol\_zf + a_2 Pol\_db + a_3 L\ Cash/A + a_4 LLnA + a_5 LDebt\_R$$
$$+ a_6 LTOP1 + a_7 LEPS + a_8 Market + a_9 Gov + a_{10} Law + a_{11} Year\_dum$$
$$+ a_{12} Ind\_dum + a_{13} YYG + a_{14} ZJ\_dum + \varepsilon \qquad (3-13)$$

为了验证在外部治理环境较差的地区，政治关系会对股利发放产生影响；

而在外部治理环境较好的地区，政治关系不会对股利发放产生影响，本书在对样本进行分组的基础上，利用模型（3-10）进行回归分析。

考虑到现金股利政策与政治关系、现金余额等可能存在的内生性，本书的解释变量和控制变量进行了滞后一期处理（在变量前加 L），而政治关系、外部治理环境是外生变量，不需要滞后处理。

三、分析过程

（一）变量说明

为清楚起见，将本书的变量列示于表 3-12 中。

表 3-12 回归变量

变量	变量解释
Div_dum	现金股利政策哑变量。如果当年支付现金股利取 1，否则取 0
DPS	每股现金股利。衡量现金股利政策发放强度的变量
Payout	现金股利支付率。等于当年发放的每股现金股利与当年每股收益的比值
Pol_dum	政治关系哑变量。如果该企业的董事会和管理层成员中有任何一人是政协委员、人大代表或曾在政府任职时取 1，否则取 0
Polqu	政治关系强度变量。该变量等于董事会和管理层成员中拥有政治关系的人数与董事会人数、管理层人数之和的比值
Polqu_zf	政府委员类的政治关系强度变量。该变量等于董事会、管理层人员中曾在政府任职的人数与董事会人数、管理层人数之和的比值
Polqu_db	代表委员类的政治关系强度变量。该变量等于董事会、管理层人员中是政协委员、人大代表的人数与董事会人数、管理层人数之和的比值
Polfz_db	代表委员类的政治关系赋值。董事会、管理层人员中是全国人大、政协代表取 4，是省人大、政协代表取 3，是市人大、政协代表取 2，是区（县）人大、政协代表取 1，无人大、政协代表取 0，然后取所有董事会、管理层人员赋值的和作为衡量代表委员类政治关系的强度（稳健性检验）
LnA	总资产的对数
Debt_R	资产负债率，等于负债与资产的比值

续表

变量	变量解释
Cash/A	现金与资产的比值
TOP1	第一大股东持股比例
ZJ_dum	企业性质哑变量。根据"实际控制人"数据，国有企业取1，民营企业取0
Sgre	可持续增长率，取该公司的权益增长率
YYG	营业收入增长率，也是实际增长率
EPS	每股收益
Market	市场化进程指数。该指数越大，表示市场化程度高或者说明市场化进程快
Gov	政府干预程度指数。该指数越大，表示政府干预程度越轻
Law	法治环境水平指数。该指数越大，表示法治水平越高，或者说法律保护越完善
Mar_dum	市场化进程哑变量。如果企业所在地的市场化进程水平低于全国平均数，该变量取1，否则取0
Gov_dum	政府干预程度哑变量。如果企业所在地的政府干预水平高于全国平均数，该变量取1，否则取0
Law_dum	法治环境水平哑变量。如果企业所在地的法治水平低于全国平均数，该变量取1，否则取0
CCG_dum	超常增长哑变量。如果差异增长率（实际增长率 – 可持续增长率）小于0，则说明企业增长不足，该变量取0；如果差异增长率大于0，则说明该企业超常增长，该变量取1
PHG_dum	平衡增长哑变量。如果差异增长率的绝对值（｜实际增长率 – 可持续增长率｜）大于所有企业差异增长率绝对值的平均数，则说明该企业不平衡增长，该变量取1；如果差异增长率的绝对值小于所有企业差异增长率绝对值的平均数，则说明该企业平衡增长，该变量取0
Year_dum	年度哑变量
Ind_dum	行业哑变量，按照中国证监会2001年分类标准，分为21类企业。考虑到制造业中企业众多，本书以制造业为基准，如该企业的行业为制造业，该变量取1，否则取0

（二）描述性统计与相关性分析

（1）描述性统计。为便于分析，将变量的描述性统计结果列示于表3 – 13中。

表 3－13 描述性统计

变量	样本数	均值	标准差	极小值	极大值	25 分位数	50 分位数	75 分位数
Div_dum	8 974	0.571	0.517	0	1	0	1	1
DPS	8 974	0.089	0.178	0	2.659	0	0.022	0.1247
Pol_dum	8 974	0.558	0.571	0	1	0	1	1
Polqu	8 974	0.193	0.221	0	1	0	0.127	0.26
Polqu_zf	8 974	0.156	0.271	0	1	0	0	0.21
Polqu_db	8 974	0.036	0.071	0	1	0	0	0
LnA	8 974	22.15	1.457	12.11	29.11	20.21	22.7	22.49
Debt_R	8 974	0.534	4.0231	0	0.767	0.354	0.519	0.626
Cash/A	8 974	0.148	0.1138	4E－04	0.983	0.077	0.15	0.271
YYG	8 974	0.536	4.8871	－1	151.2	0.027	0.15	0.351
TOP1	8 974	32.77	15.327	4.43	86.77	25.01	34.2	45.96
ZJ_dum	8 974	0.5	0.488	0	1	0	1	1
EPS	8 974	0.367	0.4322	4E－04	5.28	0.087	0.31	0.427

从表 3－13 中现金股利政策的描述性统计来看，有 57.1% 的企业选择了发放股利，每股现金股利平均支付水平为 0.089，而平均每股收益为 0.367；从政治关系的描述性统计来看，大约有 55.8% 的企业拥有政治关系，可见政治关系在我国企业中普遍存在，而从政治关系的强度来看，董事会成员和高管成员中平均有 19.3% 的人员拥有政治关系（最高的样本达到了 100%），可见平均政治关系的强度较高。从政治关系强度的分类来看，15.6% 是政府官员类的政治关系，3.6% 是代表委员类的政治关系。

为了初步检验政治关系和现金股利政策之间的相关性，本书进行了均值分组对比检验，将结果列于表 3－14。

表 3－14 均值分组对比检验

因变量	分组	样本量	均值	标准差	T
Div_dum	POL_dum = 1	4 810	0.52	0.492	1.77*
	POL_dum = 0	4 164	0.50	0.488	
DPS	POL_dum = 1	4 754	0.114	0.205	2.219**
	POL_dum = 0	4 220	0.078	0.151	

因变量	分组	样本量	均值	标准差	T
DPS	POLQU > 0.18	3 236	0.0982	0.178	0.811
	POLQU < 0.18	5 738	0.0945	0.181	
DPS	POLQU_ZF > 0.16	3 315	0.0932	0.152	-0.065
	POLQU_ZF < 0.16	5 659	0.0976	0.186	
DPS	POLQU_DB > 0.02	1 204	0.157	0.332	3.87***
	POLQU_DB < 0.02	7 770	0.0851	0.128	

注：***、**、*分别表示在1%、5%和10%的水平上显著。

从表3-14可以看出，存在政治关系的企业中（Pol_dum = 1），有52%的企业愿意支付现金股利，平均每股现金股利为0.114；而在没有政治关系的企业中（Pol_dum = 0），只有50%愿意支付股利，均值都显著通过了T检验，可见企业是否拥有政治关系确实对企业是否支付现金股利造成了影响。从政治关系存在性的均值对比检验来看，政治关系和是否支付现金股利、现金股利支付水平正相关。但表3-14只是针对平均值进行的对比检验，并不能最终说明两者的相关性，两者的相关性需要下文的回归分析最终证明。从政治关系强度的均值分组对比检验中可以看出，政治关系强度大的样本中（Polqu > 0.18），和政治关系强度小的样本中（Polqu < 0.18）的均值没有通过T检验。也就是说，政治关系强度与现金股利支付水平应该不相关。在区分了政治关系强度的类型后，政府官员类的政治关系强度的没有通过均值T检验，而代表委员类的政治关系强度通过了均值T检验。另外委员类的政治关系强度与现金股利支付水平正相关。

（2）相关性分析。将变量之间的相关系数列示于表3-15中。

表3-15   现金股利政策与政治关系相关性统计

变量	Div_dum	DPS	Pol_dum	Polqu	Polqu_zf	Polqu_db	LnA	Debt_R
Div_dum	1	0.506**	0.039*	0.026	0.022	-0.001*	0.313**	-0.064*
DPS	0.544**	1	0.03	0.026	0.027	-0.009	0.245**	-0.032
Pol_dum	0.042	0.054*	1	0.716**	0.673**	0.319**	0.04	-0.027
Polqu	0.029	0.037	0.910**	1	0.952**	0.410**	0.060*	-0.021
Polqu_zf	0.035	0.014	0.852**	0.950**	1	0.111**	0.076**	-0.017
Polqu_db	-0.009*	0.079**	0.371**	0.410**	0.158**	1	-0.034	-0.019

续表

变量	Div_dum	DPS	Pol_dum	Polqu	Polqu_zf	Polqu_db	LnA	Debt_R
LnA	0.299**	0.346**	0.058*	0.060*	0.070**	0.001	1	−0.240**
Debt_R	−0.170**	−0.147**	0.005	0.005	0.019	−0.043	0.239**	1
Cash/A	0.233**	0.189**	−0.013	−0.026	−0.04	0.018	−0.021	−0.263**
YYG	0.066**	0.143**	−0.046	−0.047	−0.055*	0.009	0.195**	0.098**
TOP1	0.229**	0.242**	−0.066**	−0.057*	−0.04	−0.094**	0.219**	−0.071**
ZJ_dum	0.117**	0.129**	0.051*	0.073**	0.115**	−0.122**	0.254**	−0.026
EPS	0.443**	0.554**	0.036	0.035	0.015	0.052*	0.425**	−0.027
Market	0.162**	0.151**	−0.012	−0.036	−0.043	0.001	0.105**	0.001
Gov	0.119**	0.109**	0.021	0.002	−0.008	0.017	0.037	−0.009
Law	0.159**	0.145**	−0.027	−0.056*	−0.056*	−0.016	0.124**	0.007

变量	Cash/A	YYG	TOP1	ZJ_dum	EPS	Market	Gov	Law
Div_dum	0.194**	−0.016	0.217**	0.115**	0.258**	0.177**	0.130**	0.182**
DPS	0.125**	−0.022	0.167**	0.078**	0.394**	0.082**	0.053*	0.084**
Pol_dum	−0.018	−0.01	−0.067**	0.054*	−0.002	−0.015	0.031	−0.032
Polqu	−0.02	−0.003	−0.037	0.087**	0.016	−0.051*	0.001	−0.067**
Polqu_zf	−0.028	−0.014	−0.012	0.137**	0.001	−0.050*	0.002	−0.061*
Polqu_db	0.016	0.033	−0.085**	−0.125**	0.051*	−0.017	−0.006	−0.034
LnA	−0.087**	−0.021	0.286**	0.266**	0.284**	0.106**	0.039	0.140**
Debt_R	−0.050*	0.014	−0.031	−0.02	0.107**	0.006	0.018	−0.006
Cash/A	1	−0.009	0.025	−0.065**	0.167**	0.166**	0.128**	0.158**
YYG	−0.011	1	−0.006	−0.007	0.066**	0.019	0.002	0.028
TOP1	0.041	0.056*	1	0.270**	0.145**	0.056*	0.017	0.077**
ZJ_dum	−0.039	−0.001	0.283**	1	−0.034	−0.126**	−0.116**	−0.095**
EPS	0.237**	0.301**	0.177**	−0.009	1	0.082**	0.038	0.090**
Market	0.144**	−0.031	0.031	−0.124**	0.129**	1	0.826**	0.921**
Gov	0.127**	−0.035	−0.007	−0.131**	0.081**	0.881**	1	0.666**
Law	0.120**	−0.033	0.050*	−0.122**	0.125**	0.946**	0.783**	1

注：对角线右边是 Pearson 相关系数，左边是 Spearman 相关系数；**、*分别代表在 5%、10%的水平上显著。

　　由表 3 - 15 中 Pearson 相关系数可知，是否拥有政治关系与是否支付现金股利显著正相关，与现金股利支付水平正相关但不显著；政治关系强度与现金股利支付水平正相关但不显著。在区分了政府官员类的政治关系强度和代表委员类的政治关系强度后，政府官员类的政治关系强度与现金股利支付水平正相关但不显著，而代表委员类的政治关系强度与是否支付现金股利显著负相关，与现金股利支付水平负正相关但不显著。由 Spearman 相关系数可知，是否拥有政治关系与是否支付现金股利正相关但不显著，与现金股利支付水平显著正相关。政治关系强度与现金股利支付水平正相关但不显著。在区分了政府官员类的政治关系强度和代表委员类的政治关系强度后，政府官员类的政治关系强度与现金股利支付水平正相关但不显著，与是否支付现金股利也为正相关但不显著，而代表委员类的政治关系强度与是否支付股利显著负相关，与现金股利支付水平显著正相关。另外由分析结果判断相关变量之间不存在多重共线。

（三）回归分析

为了检验假设 H13a，根据式（3-6）~式（3-8），将政治关系与现金股利政策的回归结果列示于表3-16和表3-17中。

表3-16　　　　　政治关系哑变量与现金股利政策回归分析

变量	模型1　Div_dum			模型2　DPS		
	全样本	国有企业	民营企业	全样本	国有企业	民营企业
C	-11.463	-9.773	-11.023	-0.256***	-0.089	-0.270
Pol_dum	0.341*	0.272*	0.243*	0.034**	0.036**	0.028***
LnA	0.645***	0.423***	0.467***	0.026	0.003	0.0016*
Debt_R	-2.232***	-2.435***	-1.842***	-0.017*	-0.002	-0.001
Cash/A	2.675***	1.354*	3.642***	0.025**	-0.055	0.141***
YYG	-0.022	-0.002	-0.746	-0.024*	-0.001*	-0.001
TOP1	0.047***	0.054**	0.053***	0.054***	0.003***	0.002***
ZJ_dum	0.162			0.013**		0.
EPS	0.945***	2.652***	0.327**	0.126***	0.187***	061***
Year_dum	控制	控制	控制	控制	控制	控制
Ind_dum	控制	控制	控制	控制	控制	控制
AdjR²	0.245（Cox & Snell R²）	0.362（Cox & Snell R²）	0.225（Cox & Snell R²）	0.133（Cox & Snell R²）	0.171（Cox & Snell R²）	0.121（Cox & Snell R²）
F	356.541（卡方）***	279.156（卡方）***	166.121（卡方）***	32.556（卡方）***	21.653（卡方）***	12.151（卡方）***

注：***、**、*分别表示在1%、5%和10%的水平上显著。

表 3-17　政治关系强度与现金股利支付水平回归分析

自变量	模型3 DPS 全样本	模型3 国有企业	模型3 民营企业	模型3a DPS 全样本	模型3a 国有企业	模型3a 民营企业	模型3b DPS 全样本	模型3b 国有企业	模型3b 民营企业
C	-0.257***	-0.076	-0.223	-0.244***	-0.075	-0.238**	-0.246***	-0.057	-0.233**
Polqu	0.031	0.010	0.051*						
Polqu_zf				0.005	0.002	0.002			
Polqu_db							0.174***	0.181	0.263***
LnA	0.015***	0.002	0.012**	0.017***	0.001	0.017**	0.019***	0.002	0.011**
Debt_R	-0.012*	-0.031	-0.011	-0.027*	-0.024	-0.022	-0.020*	-0.017*	-0.014
Cash/A	0.057***	-0.046	0.125***	0.047***	-0.028	0.119***	0.015**	-0.025	0.133***
YYG	-0.017*	-0.015*	-0.011	-0.001*	-0.001*	-0.002	-0.004**	-0.001	0.000
TOP1	0.001***	0.001**	0.001***	0.001***	0.001**	0.001***	0.001***	0.001**	0.001***
ZJ_dum	0.017**			0.015**			0.031**		
EPS	0.132***	0.183***	0.076***	0.127***	0.187***	0.019***	0.132***	0.185***	0.074***
Year_dum	控制	控制	控制	控制	控制	控制	控制	控制	控制
Ind_dum	控制	控制	控制	控制	控制	控制	控制	控制	控制
AdjR²	0.177	0.186	0.188	0.188	0.174	0.169	0.187	0.181	0.184
F	31.451***	26.821***	15.377***	31.326***	25.334***	14.116***	32.257***	23.156***	17.445***

注：***、**、* 分别表示在1%、5%和10%的水平上显著。

从表 3 - 16 可以看出，在模型 1 全样本的回归分析中，政治关系存在性与现金股利支付意愿显著正相关，即拥有政治关系的企业更愿意发放现金股利。在模型 2 全样本的回归分析中，政治关系哑变量与现金股利支付水平显著正相关，即拥有政治关系的企业更愿意提高股利的发放水平，假设 H13a 得到了验证。在模型 1 和模型 2 国有企业和民营企业的分样本回归中，也证实了该结论。

从表 3 - 17 可以看出，在模型 3 全样本的回归分析中，政治关系强度变量与现金股利支付水平正相关但不显著。在区分了政府官员类的政治关系强度和代表委员类的政治关系强度后发现：政府委员类的政治关系强度（模型 3a）与现金股利支付水平正相关但不显著，而代表委员类的政治关系强度（模型 3b）与现金股利政策显著正相关。可见，两类政治关系有显著的区别。同时，正是由于模型 3a 中与现金股利政策不相关的政府官员类的政治关系产生了"噪声"，使得模型 3 中政治关系强度与现金股利支付水平不相关，假设 H13b 得到验证。

在模型 3 对全样本分类后，发现在国有企业和民营企业中，政治关系强度与现金股利支付水平的相关性有所不同。在国有企业中，政治关系强度与现金股利支付水平不相关。结果发现：国有企业里，代表委员类的政治关系与现金股利支付水平正相关但不显著，而在民营企业中，却恰恰相反，两者显著正相关。代表委员类政治关系强度与现金股利政策显著正相关，假设 H13c 得到了验证。

为了检验假设 H14a ～ H14c，根据式（3 - 9）～式（3 - 11），基于外部治理环境，将政治关系哑变量与现金股利政策的回归结果列示于表 3 - 18 ～ 表 3 - 20 中。

表 3 - 18   不同的市场化进程下政治关系哑变量与现金股利政策回归分析

变量	模型 4 Div_dum			模型 5 DPS		
	全样本	国有企业	民营企业	全样本	国有企业	民营企业
C	- 11. 337 ***	- 9. 253 ***	- 9. 652 ***	- 0. 371 ***	- 0. 035	- 0. 546
Pol_dum	- 0. 174	0. 054	- 0. 836 **	0. 032	0. 014	- 0. 021
Market_dum × Pol_dum	0. 511 ***	0. 353	1. 125 ***	0. 025 **	0. 027	0. 031 *
LnA	0. 561 ***	0. 558 ***	0. 575 ***	0. 031 **	0. 036	0. 021 *
Debt_R	- 2. 337 ***	- 2. 653 ***	- 1. 774 ***	- 0. 043 *	- 0. 003	- 0. 005
Cash/A	2. 243 ***	1. 541 *	2. 753 ***	0. 043 **	- 0. 065	0. 163 ***

续表

变量	模型4　Div_dum			模型5　DPS		
	全样本	国有企业	民营企业	全样本	国有企业	民营企业
YYG	-0.022	-0.064	-0.416 ***	-0.030 *	-0.025 *	-0.027
TOP1	0.043 ***	0.064 ***	0.064 ***	0.026 ***	0.021 ***	0.033 ***
ZJ_dum	0.171			0.019		
EPS	0.928 ***	2.337 ***	0.474 *	0.163 ***	0.191 ***	0.079 ***
Year_dum	控制	控制	控制	控制	控制	控制
Ind_dum	控制	控制	控制	控制	控制	控制
AdjR²	0.211（Cox & Snell R²）	0.253（Cox & Snell R²）	0.264（Cox & Snell R²）	0.164	0.153	0.121
F	377.814（卡方）***	269.116（卡方）***	167.431（卡方）***	32.353 ***	25.643 ***	16.432 ***

注：*** 、** 、* 分别表示在1% 、5%和10%的水平上显著。

表3-19　　不同的政府干预程度下政治关系哑变量与现金股利政策回归分析

变量	模型4　Div_dum			模型5　DPS		
	全样本	国有企业	民营企业	全样本	国有企业	民营企业
C	-11.279 ***	-9.177 ***	-9.543 ***	-0.236 ***	-0.065	-0.222 **
Pol_dum	-0.181	-0.047	-0.728 **	-0.017	0.019	-0.033
Gov_dum × Pol_dum	0.531 ***	0.428 *	0.919 ***	0.021 **	0.043 *	0.065 **
lnA	0.517 ***	0.449 ***	0.436 ***	0.013 **	0.024	0.065 *
Debt_R	-2.474 ***	-2.336 ***	-1.984 ***	-0.016 *	-0.025	-0.033
Cash/A	2.134 ***	1.264	2.763 ***	0.065 **	-0.034	0.239 ***
YYG	-0.011	-0.016	-0.763 ***	-0.035 *	-0.001 *	-0.001
TOP1	0.025 ***	0.026 ***	0.034 ***	0.007 ***	0.002 ***	0.017 ***
ZJ_dum	0.199			0.046 **		
EPS	1.663 ***	2.678 ***	0.619 **	0.113 ***	0.192 ***	0.075 ***
Year_dum	控制	控制	控制	控制	控制	控制
Ind_dum	控制	控制	控制	控制	控制	控制
AdjR²	0.201（Cox & Snell R²）	0.254（Cox & Snell R²）	0.228（Cox & Snell R²）	0.192	0.185	0.143
F	322.116（卡方）***	279.584（卡方）***	151.645（卡方）***	32.641 ***	28.553 ***	13.853 ***

注：*** 、** 、* 分别表示在1% 、5%和10%的水平上显著。

表 3 - 20　　　不同的法治环境水平下政治关系哑变量与现金股利政策回归分析

变量	模型 4　Div_dum			模型 5　DPS		
	全样本	国有企业	民营企业	全样本	国有企业	民营企业
C	-10.197***	-9.257***	-9.449***	-0.185**	-0.028	-0.238**
Pol_dum	-0.156	0.001	-0.478*	0.014	0.021	-0.001
Law_dum × Pol_dum	0.665***	0.621***	0.875***	0.044***	0.067***	0.048*
lnA	0.573***	0.643***	0.563***	0.021**	0.015	0.011*
Debt_R	-2.638***	-2.831***	-1.953***	-0.016*	-0.022	-0.015
Cash/A	2.127***	1.446	2.728***	0.074*	-0.054	0.156***
YYG	-0.014	-0.002	-0.654***	-0.015*	-0.043*	-0.003
TOP1	0.015***	0.025***	0.022***	0.012***	0.001***	0.002***
ZJ_dum	0.243			0.021**		
EPS	1.116***	2.643***	0.453**	0.163***	0.226***	0.126***
Year_dum	控制	控制	控制	控制	控制	控制
Ind_dum	控制	控制	控制	控制	控制	控制
AdjR^2	0.214 (Cox & Snell R^2)	0.248 (Cox & Snell R^2)	0.243 (Cox & Snell R^2)	0.194	0.232	0.172
F	301.131（卡方）***	216.553（卡方）***	135.531（卡方）***	31.235***	27.235***	18.441***

注：***、**、*分别表示在1%、5%和10%的水平上显著。

从表 3-18 可以看出，在模型 4 的全样本的回归分析中，Div_dum 与 Pol_dum 负相关但不显著、与 Market_dum × Pol_dum 显著正相关，这说明：在市场化进程低的地区（Market_dum = 1），政治关系哑变量才会对现金股利支付意愿产生影响。在模型 5 的全样本回归分析中，DPS 与 Pol_dum 正相关但不显著，DPS 与 Market_dum × Pol_dum 显著正相关。这说明：在市场进程低的地区（Market_dum = 1），拥有政治关系的企业会提高股利的支付水平，假设 H14a 得到了验证。

由模型 4 和模型 5 分样本的回归可知，在国有企业中，市场化进程的高低不会对政治关系哑变量与现金股利政策的相关性造成影响。而在民营企业中，只有在市场化进程慢的地区，政治关系哑变量才会对现金股利支付水平造成影响。

从表 3-19 可以看出，在模型 4 的全样本回归中，Div_dum 与 Pol_dum 负相关但不显著，与 Gov_dum × Pol_dum 显著正相关。这说明：在政府干预程度强的地区（Gov_dum = 1），政治关系哑变量才会对现金股利支付意愿产生影响。在模型 5 的全样本分析中，DPS 与 Pol_dum 负相关但不显著，与 Gov_dum × POL_dum 显著正相关。这说明：在政府干预程度高的地区（Gov_dum = 1），政治关系哑变量才会对现金股利支付水平产生影响，假设 H14b 得到验证。

从表 3 - 20 可以看出，在模型 4 的全样本回归中，Div_dum 与 Pol_dum 负相关但不显著，与 Law_dum × Pol_dum 显著正相关。这说明：只有在法治环境水平低（Law_dum = 1）的地区，政治关系哑变量才会对现金股利支付意愿产生影响。在模型 5 的全样本回归中，DPS 与 Pol_dum 正相关但不显著，与 Law_dum × Pol_dum 显著正相关。这说明：在法治环境水平低（Law_dum = 1）的地区，政治关系哑变量才会对现金股利支付水平产生影响，假设 H14c 得到验证。

在模型 4 的分样本的回归中，在民营企业中，Div_dum 与 Pol_dum 显著负相关，与 Law_dum × Pol_dum 显著正相关。在模型 5 的分样本的回归中，国有企业和民营企业的结论与全样本的结论基本一致。

表 3 - 18 ~ 表 3 - 20 的回归可以进一步总结为：在全样本的回归中，现金股利政策与六个交乘项的回归都显著正相关。这说明：在外部治理环境差的地区（市场化进程低、政府干预程度高、法治环境水平低），政治关系哑变量才会对现金股利政策（是否支付和支付水平）产生影响。

为了便于分析，将不同的市场化进程下政治关系强度与现金股利支付水平回归分析列示于表 3 - 21 中。

从表 3 - 21 可以看出，在模型 6 全样本的回归中，DPS 与 Polqu 负相关但不显著，DPS 与 Market_dum × Polqu 正相关但不显著。这说明，无论在市场化进程高还是在市场化进程低的地区，政治关系强度对现金股利支付水平并没有产生实质性影响。在模型 6a 的全样本回归中，可以看出：DPS 与 Polqu_zf 负相关但不显著，DPS 与 Market_dum × Polqu_zf 正相关但不显著，这说明：无论在市场化进程高的地区还是在市场化进程低的地区，政府官员类的政治关系强度对现金股利支付水平也没有产生实质性影响。在模型 6b 的全样本回归中，可以看出：DPS 与 Market_dum × Polqu_db 的系数显著正相关，与 Polqu_db 系数负相关但不显著。这表明：只有在市场化进程低的地区，代表委员类的政治关系强度才能发挥其对现金股利支付水平的影响，假设 H14a 进一步得到验证。

为了便于分析，将不同的政府干预程度下政治关系强度与现金股利支付水平回归分析列示于表 3 - 22 中。

表3-21　不同市场化进程下政治关系强度与现金股利支付水平回归分析

变量	模型6 DPS			模型6a DPS			模型6b DPS		
	全样本	国有企业	民营企业	全样本	国有企业	民营企业	全样本	国有企业	民营企业
C	-0.217***	-0.068	-0.343**	-0.341***	-0.0356	-0.232*	-0.344***	-0.017	-0.285**
Polqu	-0.011	-0.016	-0.017						
Market_dum × Polqu	0.041	0.053	0.071*						
Polqu_zf				-0.016	-0.012	-0.053			
Market_dum × Polqu_zf				0.043	0.053	0.051			
Polqu_db							-0.021	-0.154	0.064
Market_dum × Polqu_db							0.343***	0.375*	0.367***
LnA	0.015**	0.017	0.024*	0.011***	0.010	0.012**	0.016**	0.025	0.017**
Debt_R	-0.011*	-0.016	-0.015	-0.016*	-0.025	-0.018	-0.021*	-0.074	-0.016
Cash/A	0.075**	-0.054	0.174**	0.091**	-0.052	0.768***	0.083**	-0.095	0.179***
YYG	-0.005*	-0.002*	-0.003	-0.003*	-0.001*	-0.002	-0.010*	-0.033**	0.000
TOP1	0.003***	0.002**	0.001*	0.002***	0.006**	0.011***	0.017***	0.035**	0.026***
ZJ_dum	0.017**			0.019**			0.023**		
EPS	0.169***	0.175***	0.098***	0.132***	0.211***	0.071***	0.133***	0.165***	0.091***
Year_dum	控制	控制	控制	控制	控制	控制	控制	控制	控制
Ind_dum	控制	控制	控制	控制	控制	控制	控制	控制	控制
AdjR^2	0.177	0.143	0.165	0.175	0.135	0.163	0.188	0.174	0.164
F	34.161***	26.138***	12.116***	31.225***	28.534***	11.225***	37.381***	22.101***	14.054***

注：***、**、* 分别表示在1%、5%和10%的水平上显著。

表 3-22 不同政府干预程度下政治关系强度与现金股利支付水平回归分析

变量	模型6 DPS 全样本	模型6 DPS 国有企业	模型6 DPS 民营企业	模型6a DPS 全样本	模型6a DPS 国有企业	模型6a DPS 民营企业	模型6b DPS 全样本	模型6b DPS 国有企业	模型6b DPS 民营企业
C	-0.257***	-0.032	-0.227**	-0.233*	-0.039	-0.351*	-0.450***	-0.0311	-0.253**
Polqu	-0.024	-0.064	-0.032						
Gov_dum × Polqu	0.077	0.042	0.151**						
Polqu_zf				-0.031	-0.036	-0.083			
Gov_dum × Polqu_zf				0.062	0.064	0.117			
Polqu_db							-0.142	-0.329	-0.109
Gov_dum × Polqu_db							0.932***	0.325**	0.661***
LnA	0.019**	0.001	0.023*	0.015**	0.022	0.011*	0.021**	0.003	0.007*
Debt_R	-0.025*	-0.015	-0.044	-0.016*	-0.014	-0.001	-0.003*	-0.036	-0.021
Cash/A	0.076**	-0.059	0.191***	0.069**	-0.057	0.133***	0.065**	-0.035	0.162***
YYG	-0.011*	-0.017*	0.036	-0.015*	-0.017*	-0.019	-0.015*	-0.013**	0.001
TOP1	0.001***	0.001**	0.001***	0.001***	0.001**	0.001***	0.001***	0.001***	0.001***
ZJ_dum	0.026**			0.023**			0.031**		
EPS	0.146***	0.121***	0.075***	0.133***	0.187***	0.116***	0.126***	0.175***	0.069***
Year_dum	控制	控制	控制	控制	控制	控制	控制	控制	控制
Ind_dum	控制	控制	控制	控制	控制	控制	控制	控制	控制
AdjR^2	0.167	0.188	0.185	0.174	0.164	0.173	0.181	0.199	0.172
F	34.142***	23.706***	16.317***	37.928***	26.831***	13.224***	31.553***	24.130***	12.429***

注: *** 、 ** 、 * 分别表示在1% , 5%和10%的水平上显著。

从表 3-22 可以看出:在模型 6 的全样本回归中, DPS 与 Gov_dum × Polqu 正相关但不显著,与 Polqu 负相关但不显著,这说明:无论政府干预水平的高低,政治关系强度均不会影响现金股利的支付水平。在模型 6a 的全样本回归中,分析方法与表 3-21 一致。结论是:无论政府干预水平的高低,政府官员类的政治关系强度均与现金股利支付水平不相关。在模型 6b 的全样本回归中,分析方法也与表 3-21 一致。结论是:只有在政府干预程度高的地区,代表委员类的政治关系强度才与现金股利支付水平均显著正相关,假设 H14b 进一步得到验证。

为了便于分析,将不同的法治环境水平下政治关系强度与现金股利支付水平回归分析列示于表 3-23 中。

在表 3-23 中,与表 3-21 的分析方法一致,从模型 6 全样本的回归中可以得出的结论是:无论法治环境水平的高低,政治关系强度均与现金股利支付水平不相关。从模型 6a 全样本回归中可以得出的结论是:无论法治环境水平的高低,政府官员类的政治关系强度均与现金股利支付水平不相关。从模型 6b 全样本回归中可以得出的结论是:只有在法治环境水平低 (Law_dum = 1) 的地区,代表委员类的政治关系强度才与现金股支付显著正相关。

表 3-21~表 3-23 的研究结论可以进一步总结为:(1) 不管外部治理环境水平 (市场化进程、政府干预程度、法治环境水平) 的高低,政治关系强度与现金股利支付水平不相关。(2) 不管外部治理环境水平 (市场化进程、政府干预程度、法治环境水平) 的高低,政府官员类的政治关系强度与现金股利支付水平不相关。(3) 只有在外部治理环境水平低 (市场化进程低、政府干预水平高、法治环境水平低) 的地区,代表委员类的政治关系强度才与现金股支付显著正相关。

为了进一步验证表 3-18~表 3-23 的稳定性和结论的可靠性,对不同的外部治理环境进行了分组回归分析,结果列示于表 3-24~表 3-26 中。从外部治理环境分组的回归结果来看:(1) 只有在外部治理环境差的地区 (市场化进程低、政府干预程度高、法治环境水平低),政治关系哑变量才会对现金股利支付水平产生影响 (2) 不管外部治理环境水平的高低,政治关系强度与现金股利支付水平不相关。(3) 只有在外部治理环境差的地区,代表委员类的政治关系强度才与现金股利支付水平显著正相关。表 3-24~表 3-26 的回归结果和结论与表 3-18~表 3-23 的回归结果和分析结论一致。限于文章篇幅,只报告了针对全样本的外部治理环境分组回归分析。

表3－23　不同法治环境水平下政治关系强度与现金股利支付水平回归分析

变量	模型6 DPS 全样本	模型6 DPS 国有企业	模型6 DPS 民营企业	模型6a DPS 全样本	模型6a DPS 国有企业	模型6a DPS 民营企业	模型6b DPS 全样本	模型6b DPS 国有企业	模型6b DPS 民营企业
C	-0.254**	-0.0451	-0.219**	-0.317*	-0.043	-0.256**	-0.235***	-0.026	-0.258**
Polqu	0.001	-0.016	0.048						
Law_dum × Polqu	0.056	0.051	0.027*						
Polqu_zf				-0.015	-0.011	-0.037			
Law_dum × Polqu_zf				0.033	0.026	0.073			
Polqu_db							0.091	-0.218	-0.088
Law_dum × Polqu_db							0.217**	0.762***	0.200***
LnA	0.016**	0.074	0.065**	0.027**	0.084	0.015	0.0025*	0.032	0.094***
Debt_R	-0.015*	-0.035	-0.066	-0.007	-0.038	-0.017	-0.094**	-0.036	-0.044
Cash/A	0.072**	-0.053	0.177***	0.028**	-0.084	0.124***	0.078**	-0.052	0.174***
YYG	-0.003*	-0.002*	-0.002	-0.005*	-0.011*	-0.025	-0.016***	-0.001**	-0.001
TOP1	0.001***	0.001***	0.001***	0.001***	0.001***	0.001***	0.001***	0.001***	0.001***
ZJ_dum	0.048**			0.055**			0.067***		
EPS	0.158***	0.175***	0.058***	0.194***	0.143***	0.042***	0.162***	0.173***	0.073***
Year_dum	控制	控制	控制	控制	控制	控制	控制	控制	控制
Ind_dum	控制	控制	控制	控制	控制	控制	控制	控制	控制
AdjR²	0.163	0.166	0.138	0.183	0.153	0.174	0.161	0.216	0.163
F	32.643***	25.106***	17.558***	35.742***	28.485***	18.152***	31.064***	25.147***	17.101***

注：***、**、* 分别表示在1%、5%和10%的水平上显著。

表 3 - 24 不同市场化进程下政治关系与现金股利政策回归分析

变量	市场化进程高 DPS			市场化进程低 DPS		
	模型 2	模型 3	模型 3b	模型 2	模型 3	模型 3b
C	-0.356**	-0.363**	-0.385**	-0.177*	-0.184	-0.126
Pol_dum	-0.015			0.049***		
Polqu		-0.026			0.047	
Polqu_db			-0.084			0.316***
LnA	0.067**	0.026**	0.067**	0.022	0.056*	0.029*
Debt_R	-0.016	-0.012	-0.017	-0.027	-0.034	-0.063
Cash/A	0.165***	0.174***	0.172***	0.064	0.073	0.029
YYG	0.000	-0.001	0.000	-0.001	-0.002	-0.002
TOP1	0.001	0.000	0.001	0.001***	0.001***	0.001***
ZJ_dum	0.028	0.023	0.026	0.069	0.029	0.035*
EPS	0.188***	0.196***	0.197***	0.164***	0.138***	0.147***
Year_dum	控制	控制	控制	控制	控制	控制
Ind_dum	控制	控制	控制	控制	控制	控制
AdjR^2	0.353	0.367	0.387	0.127	0.133	0.194
F	24.846***	27.742***	29.336***	18.446***	19.311***	19.310***

注：***、**、* 分别表示在1%、5%和10%的水平上显著。

表 3 - 25 不同政府干预程度下政治关系与现金股利政策回归分析

变量	政府干预程度高 DPS			政府干预程度低 DPS		
	模型 2	模型 3	模型 3b	模型 2	模型 3	模型 3b
C	-0.184**	-0.174*	-0.120*	-0.336*	-0.316*	-0.347*
Pol_dum	0.028***			-0.011		
Polqu		0.016			-0.057	
Polqu_db			0.366***			-0.129
LnA	0.015*	0.026*	0.087*	0.074*	0.033*	0.063*
Debt_R	-0.064*	-0.035*	-0.081*	-0.033	-0.030	-0.059
Cash/A	0.024	0.026	0.043	0.273***	0.384***	0.323***
YYG	-0.015	-0.043*	-0.068*	-0.033	-0.010	-0.091
TOP1	0.002***	0.016***	0.018***	$6.274E-5$	$4.216E-5$	$8.334E-5$

续表

变量	政府干预程度高 DPS			政府干预程度低 DPS		
	模型2	模型3	模型3b	模型2	模型3	模型3b
ZJ_dum	0.017	0.018	0.039*	0.064**	0.028**	0.047*
EPS	0.158***	0.119***	0.144***	0.175***	0.170***	0.184***
Year_dum	控制	控制	控制	控制	控制	控制
Ind_dum	控制	控制	控制	控制	控制	控制
AdjR^2	0.142	0.157	0.172	0.379	0.326	0.401
F	26.226***	27.538***	28.217***	19.831***	17.773***	15.672***

注：***、**、*分别表示在1%、5%和10%的水平上显著。

表3-26 不同法治环境水平下政治关系与现金股利政策回归分析

变量	法治环境水平高 DPS			法治环境水平低 DPS		
	模型2	模型3	模型3b	模型2	模型3	模型3b
C	-0.328***	-0.317***	-0.370***	-0.057	-0.066	-0.074
Pol_dum	-0.018			0.028***		
Polqu		0.042			0.074	
Polqu_db			0.068			0.219***
LnA	0.020***	0.015***	0.017***	0.011	0.001	0.053
Debt_R	-0.042*	-0.072*	-0.078**	-0.035	-0.063	-0.085
Cash/A	0.091*	0.075*	0.070*	0.069	0.057	0.079
YYG	-0.029*	-0.025*	-0.069**	-0.037	-0.037	-0.028
TOP1	0.001	0.001	0.025	0.017***	0.053***	0.072***
ZJ_dum	0.027*	0.024*	0.033*	0.038	0.028	0.020*
EPS	0.137***	0.159***	0.191***	0.127***	0.148***	0.153***
Year_dum	控制	控制	控制	控制	控制	控制
Ind_dum	控制	控制	控制	控制	控制	控制
AdjR^2	0.211	0.268	0.274	0.304	0.302	0.261
F	32.107***	37.284***	36.126***	17.332***	12.164***	16.528***

注：***、**、*分别表示在1%、5%和10%的水平上显著。

为了检验假设 H15a、假设 H15b，基于不同的可持续增长策略，根据式（3-12）、式（3-13），将政治关系与现金股利政策的回归结果列示于表3-27中。

表3-27　不同增长策略下政治关系与现金股利政策回归分析

变量	模型7 DPS			模型7a DPS			模型7b DPS		
	全样本	国有企业	民营企业	全样本	国有企业	民营企业	全样本	国有企业	民营企业
C	-0.247***	-0.033	-0.349***	-0.285**	-0.125	-0.477***	-0.641**	-0.026	-0.374***
Pol_dum	0.057*	0.086**	0.031*						
CCG_dum×Pol_dum	-0.024*	-0.077*	-0.013						
Polqu				0.055	0.064	0.081**			
CCG_dum×Polqu				-0.030	-0.049	-0.028			
Polqu_db							0.601***	0.459**	0.744***
CCG_dum×Polqu_db							-0.521***	-0.617**	-0.579***
LnA	0.017***	0.015	0.028***	0.014**	0.027	0.018***	0.037***	0.029	0.010***
Debt_R	-0.001***	-0.144**	0.025	-0.052**	-0.177***	0.003	-0.027**	-0.277***	0.020
Cash/A	0.079***	-0.128*	0.184***	0.061*	-0.126**	0.205***	0.084**	-0.327***	0.284***
YYG	-0.015**	-0.016	0.002	-0.016*	-0.027*	0.011	-0.027*	-0.018*	0.021
TOP1	0.026***	0.028**	0.022	0.017***	0.048**	0.036*	0.051***	0.067**	0.026*
ZJ_dum	0.057***			0.084***			0.073***		
EPS	0.155***	0.205***	0.074***	0.336***	0.218***	0.109***	0.234***	0.241***	0.101***
Year_dum	控制	控制	控制	控制	控制	控制	控制	控制	控制
Ind_dum	控制	控制	控制	控制	控制	控制	控制	控制	控制
AdjR²	0.177	0.361	0.210	0.183	0.247	0.132	0.157	0.266	0.249
F	27.246***	28.837***	11.228***	22.610***	26.309***	14.914***	24.581***	22.337***	12.551***

注:***、**、*分别表示在1%、5%和10%的水平上显著。

从表 3 - 27 可以看出，在模型 7 的全样本回归中，DPS 与 Pol_dum 显著正相关、DPS 与 CCG_dum × Pol_dum 显著负相关。这说明：无论是处在超常增长阶段的企业，还是处在增长不足阶段的企业，政治关系哑变量都会对现金股利支付水平造成影响，而且不同的增长策略会对两者之间的关系产生不同的影响。在超常增长（CCG_dum = 1）的企业中，政治哑变量的回归系数为 0.033（0.057 - 0.024），而在增长不足（CCG_dum = 0）的企业中，两者的回归系数为 0.057。可见，在增长不足的企业中，政治关系哑变量对现金股利支付水平的影响比在超常增长的企业里更为敏感和强烈。在模型 7a 的全样本回归中，DPS 与 Polqu 正相关但不显著、与 CCG_dum × Polqu 负相关但不显著，这表明：无论在超常增长的企业里，还是在增长不足的企业里，政治关系强度都不会对现金股利支付水平产生影响，且不同的增长策略也不会对两者之间的关系产生任何影响。在模型 7b 的全样本回归中，DPS 与 Polqu_db 显著正相关、与 CCG_dum × Polqu_db 显著负相关，这说明：处于增长不足阶段的企业与处于超常增长阶段的企业相比，处于增长不足阶段的企业（CCG_dum = 0）中代表委员类的政治关系强度对现金股利支付水平的影响更为敏感和强烈。处于增长不足阶段的企业中（CCG_dum = 0），DPS 与 Polqu_db 回归系数为 0.601，处于超常增长阶段的企业中（CCG_dum = 1），DPS 与 Polqu_db 回归系数为 0.080（0.601 - 0.521），假设 H15a 得到了验证。

通过表 3 - 27 的分析，可得出的基本结论如下：（1）无论在任何可持续发展策略下，政治关系哑变量均与现金股利支付水平正相关，但在增长不足的企业里这种影响更为强烈。（2）无论在增长不足的国有企业中，还是在超常增长的国有企业中，政治关系强度与现金股利支付水平均不相关。（3）无论在任何可持续发展策略下，代表委员类的政治关系强度均与现金股利支付水平正相关，但在增长不足的企业里这种影响更为强烈。可见在增长不足的企业里，政治关系发挥着更强烈的作用。为了更好地验证上述结论，将全样本分为超常增长和增长不足的两组分样本（见表 3 - 28），结论与表 3 - 27 相同。限于文章篇幅，没有报告国有企业和民营企业分别分为超速增长和增长不足两组样本的回归结果，但结论与前面一致。

表 3 – 28   不同的可持续增长策略下政治关系与现金股利政策对比分析

变量	超常增长 DPS			增长不足 DPS		
	模型 2	模型 3	模型 3b	模型 2	模型 3	模型 3b
C	− 0. 168	− 0. 177	− 0. 213	− 0. 416 **	− 0. 327 **	− 0. 334 **
Pol_dum	0. 018 *			0. 036 **		
Polqu		0. 026			0. 032	
Polqu_db			0. 526 ***			0. 213 **
LnA	0. 011	0. 016	0. 025	0. 026 **	0. 020 **	0. 031
Debt_R	− 0. 025 ***	− 0. 047 ***	− 0. 028 ***	− 0. 016	− 0. 022	− 0. 017
Cash/A	0. 165 ***	0. 160 **	0. 198 **	0. 047	0. 069	0. 028
YYG	− 0. 047 **	− 0. 069 **	− 0. 029 **	− 0. 026	− 0. 033	− 0. 051
TOP1	0. 015	0. 022	0. 002	0. 047 ***	0. 029 ***	0. 023 ***
ZJ_dum	0. 039 *	0. 043 *	0. 069 ***	0. 039 *	0. 064 *	0. 039 *
EPS	0. 238 ***	0. 348 * ***	0. 441 ***	0. 135 ***	0. 162 ***	0. 201 ***
Year_dum	控制	控制	控制	控制	控制	控制
Ind_dum	控制	控制	控制	控制	控制	控制
AdjR^2	0. 221	0. 233	0. 263	0. 174	0. 163	0. 179
F	17. 421 ***	18. 219 ***	16. 550 ***	16. 376 ***	14. 784 ***	17. 431 ***

注: ***、**、* 分别表示在 1%、5% 和 10% 的水平上显著。

为了便于分析，将平衡增长和不平衡增长策略下政治关系与现金股利政策回归分析列示于表 3 – 29 中。

从表 3 – 29 可以看出，在模型 8 的全样本回归中，DPS 与 Pol_dum 正相关但不显著、与 PHG_dum × Pol_dum 显著正相关。这说明：只有在不平衡增长的企业中（PHG_dum = 1），政治关系哑变量才会对现金股利支付水平发挥作用。从模型 8a 的全样本的回归来看，DPS 与 Polqu 负相关但不显著、DPS 与 PHG_dum × Polqu 正相关但不显著。这说明：无论在平衡增长的企业中，还是在不平衡增长的企业中，政治关系强度与现金股利支付水平都不相关。在模型 8b 的全样本回归中，DPS 与 Polqu_db 正相关但不显著、与 PHG_dum × Polqu_db 显著正相关，这表明：只有在不平衡增长的企业中（PHG_dum = 1），代表委员类的政治关系对现金股利支付水平才能发挥作用，假设 H15b 得到了验证。

表 3-29　平衡增长和不平衡增长策略下政治关系与现金股利政策回归分析

变量	模型 8　DPS			模型 8a　DPS			模型 8b　DPS		
	全样本	国有企业	民营企业	全样本	国有企业	民营企业	全样本	国有企业	民营企业
C	-0.338**	0.217	-0.443**	-0.226**	0.064	-0.247	-0.136**	0.120	-0.367***
Pol_dum	0.016	0.033	-0.023						
PHG_dum × Pol_dum	0.046*	0.062*	0.057*						
Polqu				-0.024	-0.026	0.053			
PHG_dum × Polqu				0.035	0.054	0.077**			
Polqu_db							0.034	-0.158	0.037
PHG_dum × Polqu_db							0.461***	0.327*	0.762***
LnA	0.016**	0.002	0.013	0.012**	0.021	0.019***	0.025***	0.001	0.032***
Debt_R	-0.045***	-0.076***	-0.033	-0.062***	-0.083***	-0.015	-0.018***	-0.144***	-0.039
Cash/A	0.156***	-0.079	0.446***	0.547***	-0.345	0.544***	0.106**	-0.067	0.278***
YYG	-0.079***	-0.126***	-0.057***	-0.079***	-0.029***	-0.058***	-0.049***	-0.031***	-0.055***
TOP1	0.001***	0.001***	0.001***	0.001***	0.001***	0.001***	0.001***	0.001***	0.001*
ZJ_dum	0.036***			0.043***			0.037***		
EPS	0.167***	0.368***	0.057***	0.137***	0.246***	0.461***	0.120***	0.753***	0.119***
Year_dum	控制	控制	控制	控制	控制	控制	控制	控制	控制
Ind_dum	控制	控制	控制	控制	控制	控制	控制	控制	控制
AdjR²	0.248	0.238	0.266	0.346	0.284	0.237	0.236	0.266	0.281
F	31.543***	36.375***	15.235***	30.264***	37.753***	12.978***	31.222***	36.774***	12.387***

注：***，**，*分别表示在1%、5%和10%的水平上显著。

从表 3 – 29 中可形成的基本结论为：（1）只有在不平衡增长的企业里，政治关系哑变量才与现金股利支付水平正相关。（2）无论在平衡增长的企业中，还是在不平衡增长的企业中，政治关系强度与现金股利支付水平都不相关。（3）只有在不平衡增长的企业中，代表委员类的政治关系才与现金股利支付水平正相关。

为了更好地验证上述结论，将全样本分为平衡增长和不平衡增长的两组分样本（见表 3 – 30），结论与表 3 – 29 基本一致。限于文章篇幅，则没有报告国有企业和民营企业分别为平衡增长和不平衡增长两组样本的回归结果，结论与前一致。

表 3 – 30　　平衡增长和不平衡增长策略下政治关系与现金股利政策对比分析

变量	平衡增长			不平衡增长		
	模型 2	模型 3	模型 5	模型 2	模型 3	模型 5
C	– 0.274 *	– 0.268 *	– 0.301 *	– 0.197	– 0.126	– 0.287
Pol_dum	0.016			0.041 **		
Polqu		– 0.026			0.074	
Polqu_db			– 0.017			0.537 ***
LnA	0.016	0.023	0.027	0.015 **	0.019	0.011
Debt_R	– 0.026	– 0.022	– 0.027	– 0.020 **	– 0.013 **	– 0.023 **
Cash/A	0.076	0.088	0.085	0.213	0.179 *	0.192 *
YYG	– 0.037	– 0.034	– 0.039	– 0.054 ***	– 0.063 ***	– 0.067 ***
TOP1	0.016 ***	0.011 ***	0.010 ***	0.019	0.017	0.017
ZJ_dum	0.028 *	0.026 *	0.033 *	0.038 ***	0.043 **	0.039 ***
EPS	0.276 ***	0.185 ***	0.174 ***	0.129 ***	0.173 ***	0.163 ***
Year_dum	控制	控制	控制	控制	控制	控制
Ind_dum	控制	控制	控制	控制	控制	控制
AdjR^2	0.244	0.252	0.274	0.248	0.259	0.231
F	26.110 ***	23.774 ***	22.468 ***	13.637 ***	12.691 ***	12.783 ***

注：***、**、* 分别表示在 1%、5% 和 10% 的水平上显著。

（四）稳健性检验

本书通过替换变量的形式对上述结论进行了再次检验。稳健性检验可分为三个部分:(1) 在基本模型的检验中, 在模型 1 和模型 2 中, 用剔除管理层后的董事会政治关系来衡量 Pol_dum;在模型 3 和模型 3a 中, 利用 Payout (现金股利支付率) 替代 DPS (每股现金股利);在模型 3b 中, 用赋值法计算出的代表委员类的政治关系强度变量 (Polfz_db) 替代 Polqu_db。(2) 在基于外部治理环境下政治关系对现金股利政策回归分析中, 分别用外部治理环境的中位数来替代平均数, 重新进行分类后进行稳健性检验。(3) 在可持续增长策略视角下的政治关系对现金股利政策回归分析中, 通过上年的可持续增长率代替本年的可持续增长率的方式, 进行 CCG_dum 重新计量和分类;用差异增长率的绝对值的中位数替代平均数, 对 PHG_dum 重新计量和分类。所得结果列示于表 3 - 31 ~ 表 3 - 37 中。结果证实:在回归中, 除了一些控制变量和常数项的显著性水平发生了少许变化外, 解释变量显著与否与上文的研究基本一致。

表 3 - 31　　　　　政治关系哑变量与现金股利政策稳健性分析

变量	模型 1　Div_dum			模型 2　DPS		
	全样本	国有	民营	全样本	国有	民营
C	-13.575***	-10.846	-14.220***	-0.369***	-0.157	-0.447***
Pol_dum	0.199*	0.250*	0.075*	0.020**	0.022**	0.013*
LnA	0.621***	0.509***	0.622	0.017***	0.008	0.020
Debt_R	-2.310***	-2.748***	-1.640***	-0.001	0.000	-0.001
Cash/A	2.907***	1.929**	3.612***	0.112***	0.008	0.191***
YYG	-0.010	-0.008	-0.358**	-0.001***	-0.002*	0.000
TOP1	0.017***	0.019***	0.017**	0.001	0.001**	0.001**
ZJ_dum	0.098			0.015*		
EPS	1.071***	2.309***	0.474***	0.148***	0.209***	0.097***
Year_dum	控制	控制	控制	控制	控制	控制
Ind_dum	控制	控制	控制	控制	控制	控制
AdjR²	0.221 (Cox & Snell R²)	0.247 (Cox & Snell R²)	0.224 (Cox & Snell R²)	0.192	0.216	0.182
F	395.425 (卡方)***	268.050 (卡方)***	162.132 (卡方)***	38.673***	29.982***	16.794***

注: ***、**、* 分别表示在 1%、5% 和 10% 的水平上显著。

表 3-32　政治关系强度与现金股利支付水平稳健性分析

变量	模型 3 Payout			模型 3a Payout			模型 3b Payout		
	全样本	国有企业	民营企业	全样本	国有企业	民营企业	全样本	国有企业	民营企业
C	-0.962**	-0.589	-0.431	-0.958**	-0.588	-0.426**	-0.348***	-0.154	-0.402***
Polqu	0.027	0.034	0.008*						
Polqu_zf				0.004	-0.008	-0.008			
Polfz_db							0.010**	0.004	0.022***
LnA	0.048**	0.036	0.021	-0.007*	0.037	0.021	0.016***	0.008	0.018***
Debt_R	-2.583E-5	-0.001	0.001	0.049	-0.001	0.001	-0.002	0.000	-0.001
Cash/A	0.391**	-0.022	0.676***	-7.746E-5**	-0.022	0.674***	0.111***	0.006	0.193***
YYG	0.032***	0.045***	-0.002	0.389***	0.045***	-0.002	-0.002*	-0.002*	0.000
TOP1	0.002	0.003	0.003	0.032	0.003	0.003*	0.001***	0.001*	0.001*
ZJ_dum	0.068			0.002			0.019**		
EPS	-0.005	0.028	-0.027	-0.005	0.028	-0.027	0.148***	0.209***	0.092***
Year_dum	控制	控制	控制	控制	控制	控制	控制	控制	控制
Ind_dum	控制	控制	控制	控制	控制	控制	控制	控制	控制
AdjR²	0.037	0.049	0.041	0.037	0.049	0.041	0.193	0.213	0.209
F	7.085***	6.376***	4.051***	7.076***	6.369***	4.051***	38.786***	29.488***	19.743***

注：***、**、* 分别表示在 1%、5% 和 10% 的水平上显著。

表 3－33　　不同的市场化进程水平下政治关系与现金股利政策稳健性分析

变量	市场化进程高　DPS			市场化进程低　DPS		
	模型 2	模型 3	模型 3b	模型 2	模型 3	模型 3b
C	-0.349 *	-0.342 **	-0.350 **	-0.186 **	-0.171 *	-0.170 **
Pol_dum	-0.011			0.029 ***		
Polqu		-0.018			0.033	
Polqu_db			-0.035			0.277 ***
LnA	0.016 **	0.015 **	0.016 **	0.008 *	0.008 *	0.007 *
Debt_R	-0.010	-0.010	-0.011	-0.002	-0.002 *	-0.002 *
Cash/A	0.179 **	0.178 **	0.174 **	0.055	0.052	0.052
YYG	0.000	0.000	0.000	-0.002 *	-0.002 *	-0.002 *
TOP1	0.000	0.000	0.001	0.001 ***	0.001 ***	0.001 ***
ZJ_dum	0.017	0.017	0.016	0.017	0.017	0.023 **
EPS	0.192 ***	0.192 ***	0.192 ***	0.126 ***	0.125 ***	0.123 ***
Year_dum	控制	控制	控制	控制	控制	控制
Ind_dum	控制	控制	控制	控制	控制	控制
$AdjR^2$	0.306	0.306	0.305	0.138	0.134	0.143
F	18.340 ***	18.304 ***	18.271 ***	20.342 ***	19.674 ***	21.234 ***

注：***、**、* 分别表示在 1%、5% 和 10% 的水平上显著。

表 3－34　　不同的政府干预程度下政治关系与现金股利政策稳健性分析

变量	政府干预程度高			政府干预程度低		
	模型 2	模型 3	模型 3b	模型 2	模型 3	模型 3b
C	-0.209 **	-0.195 **	-0.192 **	-0.150	-0.138	-0.147
Pol_dum	0.029 ***			-0.002		
Polqu		0.033			-0.018	
Polqu_db			0.264 ***			-0.026
LnA	0.009 **	0.009 **	0.008 *	0.007	0.006	0.006
Debt_R	-0.002	-0.002	-0.002	-0.019	-0.019	-0.019
Cash/A	0.032	0.030	0.029	0.188 ***	0.190 ***	0.189 ***
YYG	-0.001	-0.001	-0.002 *	-0.004	-0.004	-0.004
TOP1	0.001 ***	0.001 ***	0.001 ***	0.000	0.000	0.000

变量	政府干预程度高			政府干预程度低		
	模型 2	模型 3	模型 3b	模型 2	模型 3	模型 3b
ZJ_dum	0.013	0.013	0.017	0.035 **	0.036 **	0.034 **
EPS	0.131 ***	0.130 ***	0.128 ***	0.173 ***	0.174 ***	0.173 ***
Year_dum	控制	控制	控制	控制	控制	控制
Ind_dum	控制	控制	控制	控制	控制	控制
AdjR^2	0.143	0.139	0.148	0.275	0.276	0.275
F	20.148 ***	19.528 ***	20.929 ***	18.281 ***	18.332 ***	18.289 ***

注：*** 、** 、* 分别表示在 1%、5% 和 10% 的水平上显著。

表 3 - 35   不同的法治环境水平下政治关系与现金股利政策稳健性分析

变量	法治环境水平高 DPS			法治环境水平低 DPS		
	模型 2	模型 3	模型 3b	模型 2	模型 3	模型 3b
C	− 0.383 **	− 0.371 **	− 0.374	− 0.169 **	− 0.152 *	− 0.146
Pol_dum	0.025			0.035 ***		
Polqu		0.047			0.045	
Polqu_db			0.085		0.007	0.337 ***
LnA	0.018 **	0.017 **	0.017 **	0.007	− 0.002	0.006
Debt_R	0.002 ***	0.001 ***	6.801E − 5 ***	− 0.002	0.035 *	− 0.002 *
Cash/A	0.246	0.244	0.239	0.038	− 0.001	0.033
YYG	0.000	0.000	0.000	− 0.001	0.001	− 0.002
TOP1	5.564E − 5	1.745E − 5	6.373E − 5	0.001 ***	0.018 ***	0.001 ***
ZJ_dum	0.022	0.024	0.020	0.017	0.121	0.025 **
EPS	0.200 ***	0.201 ***	0.200 ***	0.122 ***	0.045 ***	0.119 ***
Year_dum	控制	控制	控制	控制	控制	控制
Ind_dum	控制	控制	控制	控制	控制	控制
AdjR^2	0.334	0.333	0.331	0.134	0.128	0.141
F	24.126 ***	24.058 ***	23.768 ***	18.613 ***	17.790 ***	19.686 ***

注：*** 、** 、* 分别表示在 1%、5% 和 10% 的水平上显著。

表 3 – 36　不同的可持续增长策略下政治关系与现金股利政策稳健性对比分析

变量	超常增长　DPS			增长不足　DPS		
	模型 2	模型 3	模型 3b	模型 2	模型 3	模型 3b
C	− 0.314 **	− 0.305 **	− 0.313 **	− 0.293 ***	− 0.284 ***	− 0.291
Pol_dum	0.012 *			0.019 *		
Polqu		0.036			0.015	
Polqu_db			0.267 **			0.087 *
LnA	0.013 **	0.013 **	0.014 **	0.013 ***	0.013 ***	0.013 ***
Debt_R	− 0.002	− 0.002	− 0.002	− 0.014	− 0.013	− 0.013
Cash/A	0.166 ***	0.162 ***	0.156 ***	0.066	0.067	0.070
YYG	0.010	0.013	0.011	− 0.075 ***	− 0.075 ***	− 0.075 ***
TOP1	0.001 ***	0.001 ***	0.001 ***	0.001 **	0.001 **	0.001 **
ZJ_dum	− 0.017	− 0.018	− 0.014	0.025 **	0.026 **	0.028 *
EPS	0.163 ***	0.164 ***	0.161 ***	0.214 ***	0.214 ***	0.213 ***
Year_dum	控制	控制	控制	控制	控制	控制
Ind_dum	控制	控制	控制	控制	控制	控制
AdjR^2	0.230	0.231	0.237	0.322	0.320	0.321
F	15.523 ***	15.619 ***	16.084 ***	38.621 ***	38.181 ***	38.395 ***

注：***、**、* 分别表示在 1%、5% 和 10% 的水平上显著。

表 3 – 37　平衡增长与不平衡增长策略下政治关系与现金股利政策稳健性分析

变量	平衡增长　DPS			不平衡增长　DPS		
	模型 2	模型 3	模型 3b	模型 2	模型 3	模型 3b
C	− 0.284 **	− 0.284 **	− 0.284 **	− 0.189 *	− 0.172	− 0.166
Pol_dum	0.006			0.033 **		
Polqu		− 0.025			0.047	
Polqu_db			− 0.016			0.273 ***
LnA	0.014 **	0.014 **	0.014 **	0.006	0.006 ***	0.006
Debt_R	− 0.011	− 0.011	− 0.011	− 0.003 **	− 0.003 ***	− 0.003 **
Cash/A	0.059	0.056	0.059	0.152 *	0.148 ***	0.147 ***
YYG	− 0.015	− 0.013	− 0.013	− 0.048 ***	− 0.050 ***	− 0.050 ***
TOP1	0.001 *	0.001 *	0.001 **	0.001 ***	0.001 ***	0.001 ***

续表

变量	平衡增长 DPS			不平衡增长 DPS		
	模型 2	模型 3	模型 3b	模型 2	模型 3	模型 3b
ZJ_dum	0.023 *	0.024 *	0.022	0.032 *	0.031 *	0.036 ***
EPS	0.201 ***	0.201 ***	0.200 ***	0.147 ***	0.147 ***	0.143 ***
Year_dum	控制	控制	控制	控制	控制	控制
Ind_dum	控制	控制	控制	控制	控制	控制
AdjR^2	0.271	0.272	0.271	0.212	0.207	0.217
F	22.623 ***	22.722 ***	22.600 ***	16.634 ***	16.198 ***	17.102 ***

注：***、**、* 分别表示在 1%、5% 和 10% 的水平上显著。

四、研究结论

第一，政治关系与现金股利政策显著正相关，表明政治关系在给企业提供融资便利路径的同时会影响现金股利政策。从研究结果来看，政治关系虽然增加了企业融资便利性，但由于政治关系也会对融资约束假说中的"投资—现金"敏感度造成影响，一定程度上弱化了融资便利对现金股利政策的影响路径。政治关系的存在，在给企业带来融资便利的同时，也给企业带来了更多的政治干预和社会责任，使企业偏离了正常的经营轨道。现阶段，越来越多的民营企业仍不惜一切代价，进行政治"寻租"，试图寻找发展壮大的捷径。事实证明，这一观点是错误的。诚然，政治关系可以给企业的外部投资者值得信任的信号，但在企业迎合政府的同时，却浪费了经营效率，不利于企业的可持续发展。

第二，政府官员类的政治关系与现金股利政策正相关但不显著，而代表委员类的政治关系与现金股利政策正相关。可见，政治关系对现金股利政策的影响主要来自代表委员类的官员。两者差异的原因本书认为是"曾任"和"现任"的不同。只有代表委员类的政治关系才能发挥其"政治效应"，这种效应可能会对市场经济的健康发展和政府职能的执行不利。

第三，在按照外部治理环境指数对样本进行分类后，政治关系对现金股利政策的影响有所不同。在市场化进程差的地区，政治关系与现金股利政策负相关，而在市场化进程好的地区，政治关系与现金股利政策负相关，但不显著。

可见, 政治关系只能在市场化进程差的地区才能发挥作用。在法治水平低的地区, 政治关系与现金股利政策负相关, 而法治水平高的地区, 政治关系与现金股利政策负相关, 但不显著。可见, 政治关系只能在法治水平低的地区才能发挥作用。而无论政府干预水平的高低, 政治关系与现金股利政策均负相关, 这可能是由于政府干预的"刚性"造成的。

当市场化进程高、法治水平高时, 可以"切断"政治关系对现金股利影响路径。这就要求我们的国家要加速市场化进程的建设, 降低信息不对称的程度。另外, 国家还要加大立法的力度, 使所有企业公平、合理地取得社会资源, 杜绝"官商勾结"的事件继续发生。国家还应加大执法的强度, 减少政治"寻租"行为, 缓解拥有政治关系的民营企业"类国有企业"的局面, 从而也遏制拥有政治关系的民营企业的"不分红"和"挖掘"行为。另外, 政府干预一旦存在, 无论强度的高低, 都能影响政治关系对现金股利政策的相关性。

第四章
国有企业分红影响企业价值的
机制研究

本书的研究表明，国有企业分红与国有企业企业价值之间存在显著的关系，也就是说，国有企业现金分红能够影响企业的价值，但这种分红影响国有企业价值的效应是如何实现的呢？国有企业分红行为是限制了自由现金流、减少了代理成本还是抑制了过度投资？抑或是国有企业分红的行为对外传导了积极信号，提升了国有企业的会计信息质量，最终影响了企业价值。本章就此问题进行更深一步的探讨。

第一节　国有企业分红、企业价值的理论分析

针对企业现金分红与公司价值二者关系的研究，学术界争论已久。主要的研究成果集中在信号理论与代理理论上。

从信号理论来看，戈登（Gordon，1960）研究发现，较高的股利分红有利于促进公司价值的提升。主要原因是，上市公司在资本市场立足的根本在于为投资者创造收益，较高的分红向投资者传递了公司经营稳健的积极信号，有利于提振投资者对于上市公司发展的信心（Baker，1985），为上市公司在资本市场的表现创造良好的声誉。现金分红是管理层对未来公司发展进行谨慎评估后做出的决策，尤其是管理层对公司未来的收益产生乐观预期时会更加偏好于向投资者发放股利（Linter，1956；Aharony and Swary，1980；Kumar，1988；Kormendi，1996）。与其他信息传递的方式相比，现金分红所传递的经营信号一定程度上反映了管理层对于上市公司发展的信心，对于投资者的影响更为显著；同时，通过现金分红的方式有利于上市公司规避重大信息披露的法律要求，从而更为便捷地向资本市场传递经营信号（Pettit，1972；Ross，1977；Bhattacharya，1979）。尼斯和子夫（Nissim and Ziv，2001）、斯格尔和萨思（Skinner and Soltes，2011）通过对上市公司现金分红之后的资本市场表现进行实证研究发现，管理层通过现金分红向资本市场传递经营稳健的信号确实对公司未来的发展产生了积极的影响。

作为上市公司投、融资的重要途径，资本市场的不断完善为上市公司的发

展创造了契机。通过现金分红满足投资者的盈利预期，也成为上市公司能够在资本市场实现可持续股权融资的根本手段。尽管中国资本市场的建设已经取得显著的进步，但是在中国经济快速增长的宏观环境下，资本市场为上市公司提供的融资服务仍然存在不完善之处。同时，中国证监会要求将上市公司的再融资资质与现金分红相挂钩的政策本身不具有强制性，所以难以约束没有融资需求以及融资需求偏低的上市公司（魏志华等，2014），但是却进一步提高了那些具有较高融资需求的上市公司的融资成本（李常青等，2010），一定程度上也限制了资本市场为上市公司提供股权融资的便利。

按照融资顺序理论，上市公司的最优融资策略依次为内部融资、债务融资、股权融资（Myers，1984；Myers and Majluf，1984）。与其他两个融资方式相比，将利润直接留存能够在最短的时间内补充上市公司的自由现金流，更好地把握稍纵即逝的市场机遇，同时还能够有效地降低公司的融资成本并且改善资本结构（Myers and Majluf，1984）。尤其是在资本市场融资效率有限并且宏观环境保持快速增长的背景下，将利润留存大大降低了上市公司的融资时间，对于那些发展预期良好的上市公司而言，将利润留存而不是用于股利分红，显然更有利于公司规模的扩张，将利润用于现金分红反而成为公司业务进入成熟期并且增速降低的消极信号（Trueman and Masulis，1988）。

另外，从代理理论来看，詹森（Jensen，1986）提出自由现金流量概念，他认为公司进行股利分配可以减少管理者随意使用公司自由现金流的情况，公司可以通过发放现金股利或者回购股票的方式，减少自由现金流拥有量，降低代理成本，提升企业价值。斯蒂弗和维什尼（Shleifer and Vishny，1986）发现公司持股比例较高的股东会通过高派现来提升自身利益。杨熠和沈艺峰（2004）的研究表明，发放现金股利可以减少自由现金流，减少高管可自由利用的资金，从而降低代理成本。孔德兰和许辉（2011）研究发现，适度的现金股利政策能够有效降低代理成本，进而实现股东财富最大化的目标。臧秀清和崔志霞（2016）研究结果表明，公司派发的每股股利越高，企业价值越大，说明现金股利可以有效降低代理成本，提升公司资金利用效率，达到提升企业价值的目的。也有部分学者研究表明，现金股利与代理成本之间并不存在关系，原红旗（2004）在研究中发现，公司持股比例高的大股东的控制权明显高于持股比例低的中小股东，这些大股东有动机、有能力去制定符合自身利益的现金股利政策，从而达到转移资金的目的。余明桂和夏新平（2004）在研究中明确指出，持股比例很高的大股东希望公司可以多派发现金股利，通常会利用高派现来损害中小股东利益。吕长江和周县华（2005）的研究发现，我国的资本市场同国外有明显区别，我国市场上不仅存在代理成本理论，还出现了利益侵占假说理论。非国有企业中，代理成本更能够解释公司的派现行为，而在国有企业中，利益侵占假说更能说明其派现行为。

那么在我国现阶段，国有企业的分红到底是如何影响企业价值的呢？两者之间到底存在信号效应还是代理效应？需要进一步讨论。

一、国有企业分红、管理层在职消费与企业价值

在企业经营过程中，或多或少存在着资源浪费的现象，如随意性支出。随意性支出指的是企业的支出不是用于企业的发展，而是带有浪费性质的支出，甚至会降低企业的价值，主要表现为管理费用中不必要的"公司脂肪"，最典型的就是在职消费（Hackle，2001）。在职消费作为一种私人收益，其带来的财务成本要远远超过其起到的激励作用（Hart，2001）。企业的自由现金流量越充足，随意性支出现象就越严重（陈红明，2005；刘银国和张琢，2012），最终会阻碍企业业绩的增长（符蓉，2007；罗宏和黄文华，2008），而现金股利的发放可以降低代理成本，其成为缓解甚至解决代理问题的一种有效工具（Rozeff，1982；Lang and Litzenberger，1989；Faccio，2001）。自由现金流理论让人们更加直观、更加明确地看到现金股利可有效地降低企业的代理成本，这一理论在现实中仍具有一定的指导意义。

自2007年底开始，国家重启了国有企业向国家上缴红利的政策，2015年出台的《中共中央、国务院关于深化国有企业改革的指导意见》中明确指出，要"提高国有资本收益上缴公共财政比例，2020年提高到30%"，而这种依靠国家强制征收红利的做法相当于对企业的内部人控制问题进一步施加了影响，如果只是将注意力放在红利的征收上，而不切实有效地完善公司治理机制，那么红利的支付只能更加恶化国有企业的内部人控制问题（李维安和姜涛，2007）。只有通过不断完善企业的公司治理机制，对代理人进行有效的激励和监督，才能

保证国有企业分红政策的有效实施，进而抑制在职消费问题。

二、国有企业分红、过度投资与企业价值

　　作为代理人的经营者，其经营管理公司的目的是最大化自身收益，都有着建立"企业帝国"的强烈愿望（Griffin，1988；Mark and Clifford，1995），管理者控制的自由现金流越多，就越有可能进行过度投资（Richardson，2006）。我国目前正处于市场经济转轨时期，国有企业投资往往并不是以股东价值最大化为目标，再加上长久以来国有企业的利润不用上缴，导致企业内部掌握了大量的留存利润，这些利润在使用时是不需要像外部融资那样受到严格审核监督。正是受到这种理财目标错位及投资软约束的影响，导致我国国有企业投资决策行为存在一些变异现象。同时，国有企业目标多元化，管理者的升迁机会、地位等各种收益均与企业规模正相关，因此，国有企业管理者更倾向于过度投资。

　　对于国有企业，股利分配表现为国有企业分红，这不仅是一个简单的利润分配问题，同时也关系到国民财富如何在社会大众之间进行分配；关系到如何摒弃政府"父爱效应"、提高国有企业效率；更关系到如何实现社会公平正义。从企业实践来说，国有企业分红问题会影响利润分配，并对国有企业的投资行为造成影响。因此，只有把国有企业的税后利润在分配与投资之间进行合理的配置，才能有效避免或者抑制国有企业的过度投资行为，最终实现国有股东财富最大化的理财目标。同时，与私企相比，我国国有企业的治理问题更加复杂。一方面，国有企业的最终控制权与剩余索取权的分离程度很大，代理问题严重，很容易出现内部人控制（刘小玄，1996）；另一方面，国有企业大多处于非竞争性的行业，想要通过绩效评价的方式实施激励契约难度较大。因而，想要通过市场的力量迫使企业内部人将利润分配给国家较为困难，只能依靠国家强制征收红利。而国家向国有企业强制征收红利相当于对国有企业的内部人控制问题施加了影响。如果仅仅只强调征收红利，而不注重公司内部的治理问题，那么红利的支付只能更加恶化国有企业的内部人控制问题，必须从企业内部治理出发解决管理层对企业现金流的乱用现象，抑制过度投资行为，提升企业的价值。

三、国有企业分红、盈余质量与企业价值

与传统股利信号传递理论的检验方法不同，近年来一些研究通过考察股利分配与盈余质量之间的关系来证明股利的信息含量。斯格尔和萨思（Skinner and Soltes，2011）采用美国 1974～2005 年共 31 年的上市公司数据验证股利能否提供有关报告盈余质量的信息。他们通过盈余持续性来考察盈余质量。结果表明支付股利的公司比不支付股利公司的盈余在未来期间有更强的持续性，稳定支付股利的公司比间断性支付股利的公司盈余持续性更强。而且如果公司的盈余质量能够维持在一定水平，那么它们便很大程度上能够保证比较稳定的股利支付水平。另外，亏损公司较少支付股利，那些支付股利的亏损公司则更可能是发生了由于非经常项目导致的暂时性亏损。所以，股利能够提供盈余质量的信息，体现了信号传递的功能。何等（He et al.，2017）[①] 检验了股利政策是否与盈余管理相关，这种关系是否会随着不同国家之间机构投资者保护程度和信息透明度的不同而不同。基于 29 个国家 23 429 个样本分析，文章得出支付股利公司的盈余管理程度低于不支付股利的公司，在投资者保护越弱、信息越不透明的国家这种关系越强。进一步，文章发现，支付股利后发行权益融资的公司，支付股利和盈余管理的关系越弱，投资者保护越弱，信息越不透明，这种关系越显著。总之，文章认为，公司可能利用股利政策与较少盈余管理的关系来缓解代理关系，建立可靠的信誉，进而利于外部融资。李卓（2007）也从盈余持续性出发检验了我国上市公司股利类型、股利支付率与未来盈利能力之间的关系，发现派发现金股利公司的盈余持续性要强于未派现公司，其在净利润和营业利润上也表现出更强的增长能力，但股利支付率的大小与盈余持续性强弱并不呈简单的线性关系。

上述研究都是基于盈余持续性的概念检验股利与盈余质量之间的关系，但持续性本身并不足以证明盈余的高质量。例如，德肖和斯查得（Dechow and Schrand）认为，高质量的盈余需要满足以下三个条件：第一，能够真实反映公

---

① Wen He, Lilian Ng, Nataliya Zaiats, Bohui Zhang. Dividend policy and earnings management across countries [J]. Journal of Corporate Finance, 2017 (42): 267 – 286.

司当前的经营业绩；第二，是有关公司未来运营状况的良好预测指标；第三，能够综合衡量公司的内在价值。可见，高质量的盈余应具备真实性、可持续性、预测性及价值相关性等特征，孤立地考察持续性是不足以准确判断盈余质量的。

如果投资者依据企业所披露的盈余信息了解并认可发放现金股利的公司，对其产生投机需求。根据股利迎合理论，投资者就会追捧并高估发放现金股利公司的价值，而公司的管理层发现并会迎合市场投资者的这种行为，通过发放现金股利的形式进一步向外界传递本公司未来现金流的信息，传递公司利润前景的利好消息，确保投资者受益的同时，也提升了公司的市场价值。

第二节　研究设计

一、研究假设

（一）国有企业分红、在职消费与企业价值

哈特（Hart，2001）认为，在职消费作为一种私人收益，其带来的财务成本要远远地超过其起到的激励作用。大量的研究表明，企业中大量的自由现金流的存在为经营者随意性支出提供了条件，促使其产生了随意性支出的动机（Griffin，1988；陈红明，2005；胡建平，2007），并最终影响企业的绩效（符蓉，2007）。这其中，国有最终控制企业的高管人员的在职消费水平要明显高于非国有最终控制企业的高管人员的在职消费水平（罗宏和黄文华，2008）。国有企业是全民所有企业，同时，其利润形成很大一部分来自大众以及行政垄断权，而并不是来自自身的技术创新发展，应"取之于民，用之于民"。在詹森（Jensen，1986）的自由现金流假说理论的基础上，越来越多的学者进一步将股利政策与代理理论基础联系起来形成了股利代理理论，认为可以通过支付股利来约

束和监督企业。股利支付得越多，代理成本越低（Rozeff，1982；Easterbrook，1984；杨耀和沈艺峰，2004）。而在公司监督无效时，通过支付现金股利来降低代理成本的效用越强（李小军等，2007）。最终国有企业分红会通过抑制在职消费这种代理成本，从而提升企业的价值。

假设H16：其他条件一定的情况下，国有企业现金股利水平越高，在职消费对企业价值的负面影响越弱。

（二）国有企业分红、过度投资与企业价值

在詹森和麦克林（Jensen and Meckling，1976）代理成本理论的基础上，罗瑟夫（Rozeff，1982）和伊斯特布鲁克（Easterbrook，1984）等将股利政策与代理理论基础联系起来形成了股利代理理论。罗瑟夫（1982）指出，股利支付可以起到约束和监督企业的作用。随着股利支付的上升，代理成本会随之下降。卡雷（Kalay，1982）认为投资政策依赖于股利政策，同时，股利政策也依赖于投资政策。沃格特（Vogt，1994）研究发现过度投资水平高的企业的规模通常较大、股利水平较低。拉蒙特（Lamont，1997）和古斯（Ghose，2005）经研究发现，企业过度投资水平的高低是由经理人手中所掌握的现金决定的。国内学者唐雪松（2007）通过实证研究发现我国上市公司存在过度投资行为，现金股利可以有效制约过度投资。刘银国（2008）指出，国有企业管理层在制定股利政策时，并不是以企业价值最大化为目标，而是考虑如何不断扩大企业规模，存在过度投资现象。所以，国有企业现金股利的发放能在一定程度上限制管理层投资所需的资金，抑制过度投资，从而提升企业价值。

假设H17：其他条件一定的情况下，国有企业现金股利水平越高，过度投资对企业价值的负面影响越弱。

（三）国有企业分红、盈余质量与企业价值

对现金股利而言，它分配的基本依据是公司的可支配盈余。持续、稳定的现金股利支付需要有充裕的可实现现金流支撑。布里登（Breeden，2003）指出报告盈余与真实现金流之间的差异程度最终可能成为公司潜在问题的危险报警器，而现金股利可以作为一种衡量盈余真实性的工具。因为维持一定的股利支付率将导致管理层难以玩所谓的"会计游戏"。卡斯基和汉伦（Caskey and Hanlon，2013）以被美国证券交易委员会（SEC）指控进行财务报告欺诈的公司为样本，研究发现这类公司支付股利的可能性较低，其盈余与股利之间的相关性也较弱。他们同时也指出由于虚增利润不会产生真实的现金流以支撑现金股利的支付，故现金股利能够避免公司报告虚假盈利。对此，有理由认为进行现金股利支付的公司更可能报告未经管理层操纵的真实盈余，更能确保具有确定性的现金流流入公司，即保证较高的盈余质量。另外，对股利政策持续性较强的公司，连续发放现金股利反映出公司经营风险较小，具有较为稳定的获利能力，其盈余质量也应在一定程度上高于未连续发放现金股利的公司。而斯格尔和索尔特斯（Skinner and Soltes，2011）认为相对于股利支付率低的公司，高股利支付率的公司能够表现出显著的增量盈余持续性。因此，本书还假定持续发放现金股利及现金股利支付率较高的公司具有更高的盈余质量，从而也能体现出更强的信号传递效应。所以，国有企业分红行为能提升企业的盈余信息质量，向外界传导积极信号，最终提升企业的价值。

假设 H18：其他条件一定的情况下，国有企业现金股利水平越高，盈余质量对企业价值的正面效应越强。

二、变量度量与模型构建

（一）变量度量

本书以 TobinQ 作为企业价值的被解释变量，而将每股现金股利（DPS）、在职消费（Cpc）、过度投资（Overinvstment）和盈余质量（EQ）作为解释变量，其中在职消费（Cpc）的衡量，借鉴夏冬林（2004）和陈冬华（2005）等的做法，通过查阅年报附注中"支付的其他与经营活动有关的现金流量"的明细项目，将附注中所披露的差旅费、办公费、通信费、业务招待费、董事会费、出国培训费、公用车旅费和会议费八类明细项目数据加总。为消除规模效应的影响，再用以上八项费用之和与主营业务收入的比值来衡量在职消费程度。过度投资（Overinvstment）借鉴理查德森（Richardson，2006）对非效率投资的计算方法来度量过度投资。理查德森（2006）将过度投资定义为超出企业维持其资产原有状态及预期净现值为正的新增投资后的投资支出。盈余质量（EQ）以操控性应计利润、应计项目转化为现金流的程度及盈余对股票回报波动的解释能力来较为全面地考察盈余质量①。同时引入现金流状况指标、公司规模、资产负债率、第一大股东持股比例等相关控制变量来控制国有企业分红的其他影响因素，并使用年度哑变量 Year_dum 和行业哑变量 Ind_dum 来减少年度和行业差异对回归结果的影响。变量明细如表 4 – 1 所示。

表 4 – 1 变量汇总

变量名称			变量释义
被解释变量	TobinQ	企业价值	（流通股 × 每股收盘价 + 限制性流通股 × 每股净资产 + 负债面值）/总资产账面价值
解释变量	DPS	股利支付水平	DPS = 发放现金股利总额/总股本
	Cpc	在职消费	（差旅费 + 办公费 + 通信费 + 业务招待费 + 董事会费 + 出国培训费 + 公用车旅费 + 会议费）/主营业收入
	Overinvstment	过度投资	超出企业维持其资产原有状态及预期净现值为正的新增投资后的投资支出
	EQ	盈余质量	操控性应计利润、应计项目转化为现金流的程度及盈余对股票回报波动的解释能力
控制变量	Cash/A	现金相对持有量	Cash/A = 货币资金/资产总额
	Size	公司规模	Size = 总资产的对数
	Debt_R	债务约束	Debt_R = 负债总额/资产总额
	TOP1	第一大股东持股比例	TOP1 = 第一大股东持股比例
	Year_dum	年度哑变量	根据年份设置了 Year_dum
	Ind_dum	行业哑变量	行业哑变量，按照中国证监会对企业的分类标准，分为 13 类行业。在剔除金融保险类企业后，设置 11 个行业哑变量。如以制造业为基准，则制造业取 1，其他行业取 0

---

① 具体计算步骤为：（1）借鉴国内外实证研究中广泛采用的截面修正 Jones 模型来计算操控性应计利润，通过应计盈余管理的程度衡量盈余质量；（2）利用修正的 DD 模型反映应计利润与现金流的匹配程度，以此估计盈余质量；（3）通过盈余的价值相关性来衡量盈余质量。

（二）样本选择

本书选取了上海和深圳两市 A 股 2008～2018 年有能力进行现金分红的非金融保险类 1 043 家上市国有企业，共 8 974 个观测值来考察国有企业现金分红政策与企业价值的相关关系。

（三）模型构建

为了验证国有企业分红是否通过抑制企业管理层在职消费进而提升了企业价值，构建回归模型（4－1）：

$$TobinQ = \beta_0 + \beta_1 DPS + \beta_2 Cpc + \beta_3 DPS \times Cpc + \beta_4 Cash/A + \beta_5 Debt\_R$$
$$+ \beta_6 Size + \beta_7 TOP1 + \beta_8 Year\_dum + \beta_9 Ind\_dum + \varepsilon \qquad (4-1)$$

为了验证国企分红是否通过抑制企业过度投资进而提升了企业价值，构建回归模型（4－2）：

$$TobinQ = \beta_0 + \beta_1 DPS + \beta_2 Overinvstment + \beta_3 DPS \times Overinvstment + \beta_4 Cash/A$$
$$+ \beta_5 Debt\_R + \beta_6 Size + \beta_7 TOP1 + \beta_8 Year\_dum$$
$$+ \beta_9 Ind\_dum + \varepsilon \qquad (4-2)$$

为了验证国有企业分红是否通过增强企业盈余质量进而提升了企业价值，构建回归模型（4－3）：

$$TobinQ = \beta_0 + \beta_1 DPS + \beta_2 EQ + \beta_3 DPS \times EQ + \beta_4 Cash/A + \beta_5 Debt\_R$$
$$+ \beta_6 Size + \beta_7 TOP1 + \beta_8 Year\_dum + \beta_9 Ind\_dum + \varepsilon \qquad (4-3)$$

三、描述性统计与相关性分析

（一）描述性统计

表 4－2 中列出了各个变量的描述性统计值。

表4－2 变量的描述性统计结果

变量	观察值	最小值	最大值	中位数	均值	标准差
TobinQ	8 974	0.9069	10.7951	1.5017	2.6402	1.7112
DPS	8 974	0.0000	1.7724	0.0513	0.0801	0.1543
Cash/A	8 974	0.0000	0.8965	0.1461	0.1578	0.1451
Debt_R	8 974	0.0329	0.9734	0.6321	0.5368	0.1812
Size	8 974	19.4747	25.5271	22.215	21.6936	1.2096
TOP1	8 974	0.036241	0.884106	40.1206	41.7221	17.124
Cpc	8 974	0.0030	0.3965	0.0421	0.0628	0.0640
Overinvestment	8 974	0.0000	0.1701	0.0141	0.0261	0.0346
EQ	8 974	0.0011	1.0136	0.0586	0.0835	0.0808

表4－2中最后3个变量分别列出了国有企业管理层在职消费、过度投资与盈余质量，其中，Cpc的最小值为0.0030，最大值为0.3965；Overinvestment的最小值为0.0000，最大值为0.1701；EQ的最小值为0.0011，最大值为1.0136。从这些数据可以发现，国有企业之中存在较为明显的代理问题，表现为在职消费与过度投资的均值分别为0.0628与0.0261，我国国有企业上市公司需要重视这种问题。现金相对持有量Cash/A从最低的0.0000到最高的0.8965，差异较大，从而导致国有企业分红水平出现差异（现金股利支付额从0.0000～1.7724）。从资本结构看，资产负债率均值为53.68%，国际上一般公认不高于60%的资产负债率比较好，所以我国国有控股上市公司资产负债率均值表现较好，但是波动范围较大（3.29%～97.34%）。第一大股东持股比例（TOP1）从3.6%～88.41%，由于报告区分国有企业与民营企业的依据主要是根据刘芍佳、孙霈、刘乃全（2003）和夏立军、方轶强（2005）关于"终极控制人"的理论来划分的，所以处于50%比例以下的国有企业也是本书考察的对象。

（二）相关性分析

将变量之间的相关系数列示于表4－3中。

表4-3

变量相关系数

变量	TobinQ	DPS	Cpc	Overinvestment	EQ	Cash/A	Size	Debt_R	TOP1
TobinQ	1.000								
DPS	0.038**	1.000							
Cpc	-0.058***	-0.328**	1.000						
Overinvestment	-0.039***	-0.059***	0.177	1.000					
EQ	0.057***	0.023	-0.116***	-0.307***	1.000				
Cash/A	0.129***	0.081***	0.033***	0.051*	0.062	1.000			
Size	-0.379***	0.357***	0.171***	0.027	0.127***	-0.043***	1.000		
Debt_R	-0.291***	-0.077***	-0.019	0.024	-0.029	-0.271***	0.324***	1.000	
TOP1	-0.159***	0.174***	-0.179*	-0.007*	0.059***	0.019	0.359***	-0.037	1.000

注：***、**、* 表示在1%、5%和10%的水平上显著。

从统计学上分析，自变量之间的相关系数在 0.6 以下时，用这些自变量进行回归就能够避免多重共线性问题的产生，从而对回归结果不会造成影响。从表 4 - 3 可以看出，基本变量之间的相关系数均小于 0.6。同时，从表 4 - 3 中还可以看出，企业价值 TobinQ 与每股股利 DPS 之间显著呈现正相关关系，而在代理成本变量中，在职消费（Cpc）、过度投资（Overinvestment）都与企业价值（TobinQ）显著负相关，国有企业盈余质量与企业的价值（TobinQ）、每股股利（DPS）都显著正相关，与本书的假设基本一致。这说明国有企业分红能够抑制企业的相应代理成本，包括在职消费与过度投资从而提升企业的价值，同时分红促进了国有企业对外释放高质量的盈余信息，通过信号效应也提升了国有企业的价值，这也为本书的假设提供了初步的支持。

四、回归分析与稳健性检验

（一）回归分析

将被解释变量与解释变量、控制变量之间的回归结果列示于表 4 - 4 中。

表 4 - 4 企业价值与每股股利回归结果

变量	模型 1 Coefficient （T-value）	模型 2 Coefficient （T-value）	模型 3 （Cpc） Coefficient （T-value）	模型 4 （Overinvestment） Coefficient （T-value）	模型 5 （EQ） Coefficient （T-value）
C	6. 1037 17. 1859***	− 0. 8926 − 14. 1875***	− 0. 9825 − 6. 4681***	− 0. 9814 − 13. 1729***	− 0. 6281 − 9. 1972***
DPS	0. 7962 8. 1537***	0. 8875 7. 2569***	0. 4981 8. 9877***	0. 8921 10. 2731***	0. 5916 9. 1492***
Cpc		− 0. 0587 − 12. 1764***	− 0. 0481 − 11. 5771***		
Overinvestment		− 0. 0771 − 8. 5726***		− 0. 0716 − 6. 521***	

续表

变量	模型 1 Coefficient (T-value)	模型 2 Coefficient (T-value)	模型 3 (Cpc) Coefficient (T-value)	模型 4 (Overinvestment) Coefficient (T-value)	模型 5 (EQ) Coefficient (T-value)
EQ		0.0671 8.5218 ***			0.0028 2.1378 **
DPS×Cpc (Overinvestment、 EQ)			0.2915 8.3511 ***	0.0815 9.2196 ***	0.1129 6.2755 ***
Cash/A	0.5381 3.1278 ***	0.1277 3.4182 ***	0.1578 6.1257 ***	0.1257 4.5641 ***	0.1463 4.6712 ***
Size	−0.2734 −11.5313 ***	0.0521 9.5326 ***	0.0533 10.6346 ***	0.0325 8.4534 ***	0.0432 10.5361 ***
Debt_R	−0.7436 −5.6457 ***	−0.1653 −4.7632 ***	−0.1657 −5.6572 ***	−0.1235 −4.5462 ***	−0.1657 −5.6532 ***
TOP1	−0.0054 3.4356 ***	0.0008 2.6573 **	0.0004 2.05535 **	0.0002 1.2345 *	0.0006 2.5462 **
Year_dum	Control	Control	Control	Control	Control
Ind_dum	Control	Control	Control	Control	Control
F	41.434 ***	27.716 ***	15.642 ***	21.916 ***	18.053 ***
AdjR²	0.254	0.251	0.163	0.176	0.132
Observations	8 974	8 974	8 974	8 974	8 974

注：***、**、*表示在1%、5%和10%的水平上显著。

从表4-4看，模型1的调整 R² 为25%，拟合优度尚可，说明自变量的解释能力较强。F 值为41.434，并在1%的水平上显著，说明回归方程总体有效，具有显著的统计意义。在模型1中，国企分红（DPS）与企业价值（TobinQ）之间存在正相关关系，相关系数在1%的水平上显著。这说明：股利政策与企业价值存在显著的正相关关系。说明公司分配的股利越多，企业价值越大。

模型2~模型5检验了在职消费、过度投资、盈余质量对国有企业价值的影响，检验方法是先将3个影响变量放入1个模型中，见模型2。模型2回归结果

显示其调整 R^2 为25.1%，F 值为27.716，并在1%的水平上显著，说明回归方程总体有效，具有显著的统计意义。回归结果初步显示，在职消费（Cpc）与国有企业价值（TobinQ）呈现负相关关系，并在1%的水平上显著；过度投资（Overinvestment）与国有企业价值（TobinQ）呈现显著负相关关系；而国有企业盈余质量（EQ）与国有企业价值（TobinQ）之间存在显著正相关关系。考虑到在职消费（Cpc）和过度投资（Overinve stment）以及国有企业盈余质量（EQ）之间可能存在多重共线性的问题，本书分别将3个影响变量放入模型当中，见模型3~模型5。本书关注的是每股股利（DPS）与影响国有企业价值变量所构成的交乘项：DPS×Cpc、DPS×Overinvestment、DPS×EQ 对国有企业价值（TobinQ）的影响系数。从回归中可以发现，DPS×Cpc 对 TobinQ 的影响系数为0.2915并且在1%水平下显著，这说国企通过发放现金股利能够显著抑制在职消费对企业价值的减少作用；而 DPS×Overinvestment 对 TobinQ 的影响系数为0.0815也在1%水平下显著，这说明国有企业通过发放现金股利能够显著抑制过度投资对企业价值的减少作用；DPS×EQ 对 TobinQ 的影响系数为0.1129也在1%水平下显著，这说明国有企业通过发放现金股利能够显著促进盈余质量对企业价值的提升作用。假设 H16~假设 H18 得到初步验证。

从理论与现实情况来分析，国有企业现金分红首先是减少了内部的可控现金流，现金流的减少一方面抑制了管理层意图过度投资的能力，另一方面减少了管理层的在职消费金额，总体上来说很好地控制了国有企业的相应代理成本，而这种代理成本的降低会促使国有企业的价值得到提升，从代理理论角度体现了现金分红对代理成本的抑制作用。同时，国有企业分红力度的加大也会促进其盈余质量的提升，对外信息变得更为透明，减少了信息不对称对企业的影响，向外界传导了更为有效的发展信息，从股利信号理论来看，这种高效有用的信息能够帮助企业获得市场的认可，提升企业价值。

（二）稳健性检验

为了保证研究结论的稳健，本书选择将被解释变量企业价值更替为国有企业 ROA，解释变量更换为股利支付率（Payout）重新进行回归模型的检验。检验结果如表4-5所示。

表 4 - 5　　　　　　　　企业价值与每股股利的稳健性检验

变量	模型 1	模型 2	模型 3（Cpc）	模型 4（Overinvestment）	模型 5（EQ）
	Coefficient（T-value）	Coefficient（T-value）	Coefficient（T-value）	Coefficient（T-value）	Coefficient（T-value）
C	6.2681 16.2456 ***	-0.5321 -14.4245 ***	-0.5321 -6.4324 ***	-0.7821 -13.1752 ***	-0.6552 -9.1532 ***
Payout	0.6421 8.1643 ***	0.8654 7.7541 ***	0.5541 8.9135 ***	0.7541 11.234 ***	0.5642 9.1214 ***
Cpc		-0.0421 -12.1533 **	-0.0531 -11.6741 ***		
Overinvestment		-0.0313 -8.6521 ***		-0.0546 -6.2145 ***	
EQ		0.0421 8.5752 ***			0.0064 2.7523 **
Payout × Cpc（Overinvestment、EQ）			0.5421 8.7521 ***	0.0975 9.2752 ***	0.1752 6.2742 ***
Cash/A	0.5326 3.5313 ***	0.1542 3.752 ***	0.1578 4.4531 ***	0.1532 3.5627 ***	0.1463 5.5328 ***
Size	-0.2753 -11.1643 ***	0.0531 9.5643 ***	0.0642 10.6531 ***	0.0654 8.4642 ***	0.04134 10.7312 ***
Debt_R	-0.7653 -5.6534 ***	-0.1432 -4.5422 ***	-0.1632 -5.6421 ***	-0.1532 -4.6532 ***	-0.1543 -5.7532 ***
TOP1	-0.0423 3.6323 ***	0.0342 4.9532 ***	0.0432 2.0531 **	0.0654 1.4561 *	0.0531 2.6421 **
Year_dum	Control	Control	Control	Control	Control
Ind_dum	Control	Control	Control	Control	Control
F	46.431 ***	28.531 ***	14.532 ***	23.531 ***	18.654 ***
AdjR²	0.211	0.257	0.184	0.163	0.126
Observations	8 974	8 974	8 974	8 974	8 974

从表 4 – 5 的稳健性检验中可以看到，股利支付率（Payout）与企业价值（ROA）显著正相关，通过了验证。模型 2 ~ 模型 5 中，首先，在职消费（Cpc）、过度投资（Overinvestment）对企业价值的影响系数为负都在 1% 水平下显著，而盈余质量（EQ）对企业价值的影响系数为正，在 1% 水平下显著。然后，股利支付率（Payout）与在职消费（Cpc）、过度投资（Overinvestment）、盈余质量（EQ）之间的交乘项 Payout × Cpc、Payout × Overinvestment、Payout × EQ 对企业价值 ROA 的影响系数为 0.5421、0.0975、0.1752 都在 1% 水平下显著。这说明假设 H16 ~ 假设 H18 再次得到验证，结论是稳健的。

第三节　研究结论

（一）国有企业分红抑制了企业管理层的在职消费，从而提升了国有企业价值

从研究中可以发现，管理层在职消费对国有企业的价值是有着负面影响的，而分红这种分配行为从源头上控制和减少了国有企业内部的剩余现金流，能够有效地减少管理层的代理行为，抑制在职消费，从而提升国有企业的价值。这也印证了现金股利政策在代理行为中的治理作用，为我国国有企业内部治理提供了相关现实依据。

（二）国有企业分红抑制了企业过度投资，从而提升了国有企业价值

过度投资是管理层实现个人利益，扩大自身权益的一种常见代理行为。但是对于企业而言这种行为是低效并且不利于股东利益提升的。而国有企业的所有权归属于国家，经营与管理决策却由相应的管理层代理，这就很容易出现国有企业高管人员为了自身利益而产生过度投资的现象。国有企业分红能够较好地制约管理层过度投资所需的内部资金，减少了非效率投资，从而提升了企业的价值。

（三）国有企业分红提升了企业的盈余质量，从而提升了国有企业价值

信号理论指出，良好的股利决策能够起到传导企业未来发展预期的积极信号，外部投资者在读懂这一信号后会增加对企业的投资，为企业的发展提供了更多资源。所以在国有企业分红背景下，企业的盈余质量会得到提升，最终通过信号传导，为企业价值提升做出贡献。

第五章
研究结论与建议

第一节　研究结论

本书在界定股利政策、企业价值、可持续增长和制度等相关概念的基础上，从制度环境下的可持续增长角度和生命周期、终极人控制、政治关系、在职消费、过度投资的角度分别分析了我国国有企业分红的影响因素，揭示了制度环境下的国有企业分红与企业价值、可持续增长下的国有企业分红机制和国有企业分红、可持续增长与公司业绩以及终极人控制、政治关系与国有企业分红之间的关系，探索了基于可持续增长的国有企业分红机制研究。

笔者认为，宏观制度环境的差异会显著影响到企业的股利行为。上市公司所在地区的法治水平、一个地区的金融发展程度等制度环境是国有企业分红重要的影响因素之一。在不同的股利政策下，制度环境对企业价值并无显著影响，国有企业中政府控制现象相对突出；现金相对持有量、资产负债率与国有企业分红有着密切的相关关系，国有企业账面上的现金数量越多，现金股利支付水平越高。国有企业面临的财务风险越大，股利支付水平越低；国有企业分红与可持续增长密切相关。国有控股公司股利支付的意愿与可持续增长指标呈正比关系，大股东在决定是否分配股利中占绝对支配地位；公司业绩与现金股利、可持续增长密切相关，国有控股公司的业绩与股利支付率、可持续增长率之间的关系优于非国有控股公司；生命周期的不同阶段，股利政策对企业价值的影响不同。在企业初创期和成长期，股利支付率与企业价值负相关，在成熟期股利支付率与企业价值正相关，可持续增长率的方向与股利支付率一致；不同的国有上市公司终极控制人的红利政策不同。对终极控制人为中央政府的国有控股上市公司来说，更少考虑公司的可持续增长的需要，其红利分配和股利支付率大于终极控制人为地方政府的国有上市公司。政治关系对现金股利政策的影响主要来自代表委员类的官员。政治关系只能在市场化进程差的地区才能发挥作用。具体而言，本书得出以下结论：

（一）宏观制度环境是国企分红重要的影响因素之一

宏观制度环境的差异会显著影响到企业的股利行为。本书在研究过程中具体发现上市公司所在地区的法治水平越完善，则倾向于支付更高的现金股利，而现金股利的发放又与企业价值密切相关。一个地区的金融发展程度越高，银行受地方政府的行政干预越少，银行将配置更多的资金给非国有企业，则国有企业获得的贷款越少，就越需保留企业留存收益，因此现金分红越少。在不同的股利政策下，制度环境对企业价值并无显著影响，国有企业中政府控制现象仍然相对突出。可能的解释是：国有企业的样本由于其很强的行政色彩导致政府对企业有很强的控制，地方市场化程度的发展以及法治水平的提升对国有企业的影响还不够深入，另外一个解释是由于制度的实施本身存在滞后性导致股利政策对企业价值的影响不大。

（二）国企分红与可持续增长相关

就国有控股公司样本而言，公司是否支付股利与可持续增长指标正相关，国有控股公司是基于公司的可持续增长来考虑是否支付现金股利的，体现了国有控股公司的战略观念。全部样本和非国有控股公司是否支付现金股利与可持续增长之间尽管正相关，却不显著。其中，当公司有闲置资源时，非国有控股公司与国有控股公司一样，考虑了公司未来的增长；当公司没有闲置资源时，二者负相关，但不显著。另外，大股东在决定是否分配股利中占绝对支配地位。不管是全部样本，是否为国有、非国有控股及其差异可持续增长指标的正负，是否支付股利仅与第一大股东的持股比例正相关。本书还发现，我国规模大的企业，更少考虑股利支付问题。

（三）公司业绩与现金股利、可持续增长相关

国有控股公司其业绩与股利支付率、可持续增长率之间的关系优于非国有控股公司。在2008～2018年之间，我国上市公司特别是国有控股公司，适当提高了现金股利支付率有利于提升公司的业绩。另外，非国有控股公司业绩与可持续增长率指标关系不显著；差异增长率符号不同，与国有控股公司相比，当公司

的资源有多余时，它们支付股利可能性高一些；当差异增长率为正，即公司资源不足时，二者负相关，但不显著，此时公司增长未考虑公司业绩提升问题。

（四）生命周期的不同阶段，股利政策对企业价值的影响不同

在成熟期，企业更倾向于支付现金股利，国有企业的支付百分比大于非国有企业。在成熟期，是否支付股利与企业价值正相关，且基于可持续增长的股利支付更有利于提升企业价值。在初创期和成长期，股利支付率与企业价值负相关，在成熟期股利支付率与企业价值正相关，可持续增长率的方向与股利支付率一致。说明在成熟期，首先，在保持可持续增长的前提下提高现金股利支付率，能提升企业价值。其次，正常增长的企业更偏好发放现金股利。本书认为在我国，面对国有企业的分红政策这一难题，应该结合不同行业、不同规模，根据企业差异增长率的不同状况，采取不同的股利政策。尽管这一分红政策会花费一定的代价，但从保证国有企业的可持续增长看，是值得的，而且在一定程度上体现了国务院制定《中央国有资本经营预算支出管理暂行办法》的初衷。

（五）不同的国有上市公司终极控制人的红利政策不同

一般来说，对于终极控制人为中央政府的国有控股上市公司来说，更少考虑公司的可持续增长的需要，其红利分配和股利支付率大于终极控制人为地方政府的国有上市公司。当国有控股上市公司实际增长率大于可持续增长率时，终极控制人为中央政府的公司对红利发放比较谨慎，一般红利发放比终极控制人为地方政府的公司少。当国有控股上市公司实际增长率小于可持续增长率时，终极控制人、可持续增长对现金股利和股利支付率没有影响。可持续增长越快，发放现金股利越多。

（六）政治关系与现金股利政策正相关

从研究结果来看，政治关系在增加企业融资便利性时也会对融资约束假说中的"投资—现金"敏感度造成影响，从而弱化了融资便利对现金股利政策的影响路径。结果是政治关系对现金股利政策的影响主要来自代表委员类的官员。只有代表委员类的政治关系才能发挥其"政治效应"。然而，在按照外部治理环

境指数对样本进行分类后，政治关系对现金股利政策的影响有所不同。政治关系只能在市场化进程差的地区才能发挥作用。在市场化进程差的地区，政治关系与现金股利政策负相关，在市场化进程好的地区，政治关系与现金股利政策负相关，但不显著。

（七）国有企业分红能够减少企业的相应代理成本（在职消费、过度投资），并且提升盈余质量，通过治理代理成本与信号传导效应提升国有企业的价值

研究结果表明国有企业分红能够显著缓解企业管理层代理行为（在职消费、过度投资）对企业价值的负面影响，同时分红还能够促进国有企业盈余质量对价值的提升作用，减少了投资者与企业之间的信息不对称，提升了决策效率。从国有企业治理与发展角度来看，分红是一种高效的分配决策。

第二节　基于可持续增长的国有企业分红建议

增长无疑是企业拥有竞争优势的体现，理应为企业带来利润、创造价值，只有达到价值持续增加才是真正意义上的可持续增长（汤谷良和游尤，2005）。而希金斯的分析证实可持续增长是公司的权益增加，权益增加与公司的股利政策是相关的。就现有资料看，不同国家，国有企业分红的差异很大。在我国，面对国有企业的分红政策这一难题，本书提出以下建议。

一、改善国有企业分红机制的外部环境

（一）合理确定分红比例

前面的实证分析得出，制度因素没有促进国有企业分红水平和促进企业的

可持续增长，可能是由于目前的《中央国有资本经营预算支出管理暂行办法》（以下简称《暂行办法》）还处在不断修改和完善中，而分红比例的"一刀切"没有考虑到国有企业的可持续发展，只是单纯地依据"有盈就分"的思路。因此，对《暂行办法》下一步的思路应该是：改变以往的对于红利收缴比例的限制，而应该根据国有企业的可持续增长率来确定每家国有企业的分红水平，只有这样的分红机制，才是真正促进了国有企业可持续发展。国有企业红利上调征缴比例要兼顾企业、行业和经济周期等因素，可根据企业实际经营情况上下灵活调整征缴比例，在注册会计师合理保证企业报表公允性的前提下，确定一个适当的基础分红比例。40多年的改革经验显示，在配置资本时，企业比政府有更高的效率。如果上缴比率过高，很可能带来效率低下。结果，一方面国有企业上缴很多利润，另一方面又不得不花费很大代价在资本市场上融资。

具体来说可以做到以下三点：

（1）循序渐进。在贯彻落实上调国有企业利润上缴比例的政策时，应充分认识到"30%、40%"的总体目标和"最高档次50%"的分档目标只是参考数值，而不是政治任务，操作过急、过猛，超出了上缴比例的临界值，有可能对企业生存发展和绩效提升造成负面影响。因此，国有企业利润上缴比例上调应做到循序渐进，分年度、有计划的实施。第一步是争取在2020年前后，将利润上缴的总体比例提升至30%左右。在此基础上，根据企业承受能力和经营绩效方面的信息反馈进行综合分析，科学合理地制定下一步上缴比例提升的幅度和节奏。此外，提升国有企业利润上缴比例是一个长期过程，比例稳步提升不等于只升不降。在这个过程中，应注意比例上调与企业生存发展之间的动态平衡，应根据国有经济运行的周期性和阶段性特征，允许个别年份和特殊时期的适度回落。

（2）分类实施。根据我国各行业实情可以看出，不同行业的利润上缴比例最优水平存在差异，这就要求我们在贯彻执行上缴利润比例上调的政策时，不能搞不分行业的"一刀切"，而要根据行业特点做到分类实施，尤其要区别对待传统行业和新兴行业。相较于新兴行业，传统行业再投资需求较低，盈利能力和规模较为稳定，上缴利润的基础较好，加之某些传统行业需要通过提高利润上缴比例，达到提升经营绩效，去产能、去库存，促进国有资本回流的目的，其利润上缴比例上调的总体目标应高于新兴行业。在分行业实施的基础上，国有企业利润上缴比例的确定应朝着借鉴一般转移支付先进经验，应用标准化、因素法上缴比例测算模型，综合考虑利润上缴的总体规模和企业个体的承受能力，努力实现政企双赢的有利局面。

（3）试点先行。无论是提升利润上缴比例，还是今后实施"标准化、因素法"的上缴比例确定方法，都应该坚持试点先行，逐步推开的方法，这是我国改革开放以来顺利推进各项事业的宝贵经验。所谓试点先行，就是要在各个行业选择盈利能力和上缴条件较好的企业作为"先遣队"开展先行先试：一方面，针对国有企业利润上缴比例的上限进行压力测试，避免政策全面推开时可能产生的系统性风险；另一方面，在试点过程中积累经验总结教训，形成行之有效的工作思路和方法，有效应对各类常见和突发的问题，确保利润上缴比例大面积推开的顺利进行。

（二）加快市场化进程建设

政治关系的存在的确对企业的融资约束和公司业绩产生影响，进而影响到了现金股利政策。根据资源依赖理论，制度越不健全，政府对经济的干预性越强，公司对政府依赖性就越强，这就决定了在中国，公司与政府官员建立"亲密"关系的重要性。然而政治关系只有在外部治理环境差的地区才能发挥作用。在这种情况下，如果国家能尽快建立规范的金融秩序、加快市场化进程建设、减少政府干预行为，就能"切断"政治关系的影响路径，从而从根本上去除政治关系这一非正式机制。在外部治理环境好的地区，企业为建立政治关系可能会花费较大的成本。即使企业建立了政治关系，政治关系也很难发挥作用，寻租收益却会大大降低，因此企业建立政治关系便得不偿失。在已具备政治关系的企业里，如果片面的继续寻求政治关系，政治关系也存在"边际效用递减"的问题。因此，在已拥有政治关系的企业中，不要盲目地进行再次寻租，防止寻租成本大于寻租收益。所以，国家应加大信息的透明度，健全资本市场，提高市场的运行效率，加大对投资者的保护力度，从而保证资源的优化配置和平衡且持续的增长。另外，企业也应尽量追求平衡且稳定增长，以防止政治关系对企业行为带来的影响。

（三）加强制度建设

报告研究表明，制度环境的改善有利于提升企业的股利发放水平，股利发放水平与企业的公司治理成本相联系，现金股利的发放能有效降低公司的代理成本，完善证券市场发展，有利于提升公司价值。

由于我国法制不健全，对投资者权益保护较弱。我国资本市场有1亿多散户，直接关乎上亿家庭、数亿人的利益，保护好投资者尤其是中小投资者的合法权益，就是保护人民群众的利益（凤凰网财经，2017）。基于此，中国证监会2008年颁布了《关于修改上市公司现金分红若干规定的决定》，将上市公司再融资与现金股利发放更加紧密地联系在一起，以此约束公司的分红行为。因此必须努力完善各种法律制度建设，提高企业各种资源配置效率，促进企业价值的提升。虽然目前我国国有上市公司的分红比例不高，存在着严重的不分配现象，考虑到我国资本市场建立时间不长，上市公司缺乏对投资者的回报意识，股利分配行为极其不规范，同时与分红制度配套的其他法律制度也存在诸多的不完善，因此需要健全我国资本市场的法律法规制度，促进国有企业的健康有序发展。具体来说可以做到以下三点：首先，以资源配置效率先行为原则，加快市场化配置资源的进程。建立健全公平竞争机制，切实改善企业"融资难"和"融资贵"的现状；其次，改善企业经济发展的宏观政策环境，健全投资者法律保护体系；最后，市场化程度越高，公司股利越稳定，越有利于政府监管，公司创新动力和压力就越强。

（四）将中央企业分红纳入人大监督下的财政预算体系

我国亟待将中央企业分红纳入人大监督下的财政预算体系，兼顾好中央企业利润征收的效率与公平。一方面，应加强中央企业信息披露制度，尤其要透明垄断中央企业的成本与收益，形成全社会共同监督中央企业行为的氛围，建立健全透明的信息披露制度，把国有企业上缴红利置于社会公众的外部监督之下，给企业的摊派奖金等行为造成压力，才可能使国有企业上缴红利更加合理，进而走上公正、公平的制度进程中。而唯有明确公众有对国有企业监督的权力，才能给提高中央企业上缴红利比例以制度化出口。另一方面，国务院国有资产监督管理委员会应当严格编制好国有资本的经营预算，以规范中央企业运作、减少过度投资。在此基础上，主管部门综合中央企业现实盈利状况、民意反馈等信息，细化中央企业红利征收比例，并提交人大审核。应当提及的是，广大民众本是国有企业的真正所有者，只有尊重民意，才能切实维护股东获取收益的权利。

（五）扩大和完善国有企业分红上缴财政的实施范围

目前，扩大和完善国有企业利润上缴财政实施范围的首要任务是要加快将文化国有企业和金融国有企业真正纳入国有资本经营预算编制范围。文化国有企业和金融国有企业一个是新型业态发展的代表性产业，另一个是高盈利性国民经济支柱产业，二者纳入国有企业利润上缴实施范围带动性强，对于扩大利润上缴实施范围覆盖面和提升利润上缴的总体规模意义重大。因此，财政部门应尽快细化文化和金融国有企业通过国有资本经营预算渠道上缴利润的操作办法，明确各项任务的责任人和最后期限，同时加强对于相关部门及其所属企业的监管和督促，尽快完成文化、金融国有企业上缴利润的各项准备工作，确保将文化、金融国有企业真正纳入利润上缴实施范围。

此外，针对省级以下各级（主要是市、县两级）国有企业尚未完全纳入实施范围，以及大型国有企业母公司下属子公司尚未完全纳入实施范围的问题来看，利润实施范围的缺口看似不大，但负面影响显著，不但会缩减利润上缴的计算基数和物质基础，还可能为国有企业向下属子公司转移留置利润提供条件和动机，导致本可用于上缴的国有企业利润大量流失，而使上调国有企业利润上缴比例的各项政策效果大打折扣。反过来看，加大力度健全国有企业利润上缴的实施范围，对于提升国有企业利润上缴比例和完善国有企业利润上缴体系起到事半功倍的作用。因此，各级财政部门必须切实负起责任，将地方国有资本经营预算工作继续向基层延伸，将具备条件的地方国有企业纳入利润上缴实施范围。在完善文化、金融国有企业和地方国有企业利润上缴实施范围的基础上，我国国有企业利润上缴实施范围扩大和完善的远期目标是将所有国有企业，尤其是国有资本参控股企业无一遗漏的纳入利润上缴实施范围。这项任务看似艰巨，却有着坚实的基础，应考虑充分利用现有的有利条件。具体的做法是，财政预算部门应与资产管理部门（原企业部门）和会计部门密切配合，以现有的年度全国国有企业会计决算汇总报送工作为基础，编制国有经济资产负债表和损益表，真正无一遗漏的摸清全国各级国有企业的家底，从中获取完整的国有资本分布情况和国有企业盈利情况信息，将符合条件的国有企业全部纳入国有企业利润上缴实施范围，这是从根本上完善国有企业利润上缴实施范围的最佳方法。

此外，在扩大和完善实施范围的实际工作中还应注意不能一味地贪大求全，应注意取舍。由于国有企业利润上缴数额的核定需要大量的企业会计信息，对于以军工企业为代表的涉密企业带来诸多不便，甚至带来机密泄露、损害国家利益的风险。况且军工企业等涉密企业多为高新科技企业，代表产业发展升级的方向，需要巨额的研发投入，对于这类企业来说，应将利润更多地留在企业内部，甚至考虑将一些保密要求和投入需求较大的军工涉密企业移出国有企业利润上缴的实施范围。此外，国有企业利润上缴和国有资本经营预算编制主要是针对经营性国有企业。因此应将那些具有显著的公共服务属性、不以营利为目的自然垄断企业（如邮政、铁路、公用事业企业）和显著影响公共利益、事关国家战略安全、资源获取和产品定价具有浓厚行政干预色彩的企业（如烟草、石油、军工企业）的利润上缴从国有资本经营预算转移至公共预算。需特别指出的是，经过多年的市场化改革，煤炭、钢铁等资源性国有企业在资源获取方面获得政策扶持力度逐年下降，相关行业市场准入范围逐年扩大，产品价格基本由国内国际市场供求状况决定，故石油以外的资源性国有企业仍应留在国有企业利润上缴的实施范围内。

二、可持续增长视角下的国有企业分红机制：企业生命周期理论

我国上市公司分配股利政策存在较大随意性。中国证监会为了规范公司派现行为，改善上市公司现金股利派发存在的问题，发布了一系列规定及实施办法。2013 年中国证监会发布了《上市公司监管指引第 3 号——上市公司现金分红》，指引明确规定了上市公司在分配利润时，现金分红的顺序应优先于股票股利，同时也规定了上市公司的股利分配政策应符合公司生命周期阶段。

现金股利政策对公司的发展有着独特的重要作用，考虑公司所处的生命周期阶段，同时结合上市公司的实际情况，制定有益于公司长期发展的现金股利政策，是一个不容忽视的问题。企业是一个不断演进的实体，会经历初创、成长、成熟、衰退等阶段。在不同生命周期阶段，企业应根据自身的实际情况采

取不同的现金股利政策。具体体现在是否应支付现金股利、支付多少股利的问题上，以及在支付现金股利时是否考虑了企业的可持续增长。

（一）考虑企业所处的生命阶段，制定相应的现金股利监管政策

虽然股利政策的制定是企业的内部行为，不属于上市公司监管部门的监管范围，但如果淡化或忽视股利分配的不合理性，则会在很大程度上打击投资者的信心和投资热情并损害企业价值。因此，政府监管部门制定完善的股利分配法规是非常必要的。但在制定相关的法律法规时应关注企业所处的生命周期阶段，不可一概而论，强制现金股利的分配。2008年10月9日中国证券监督管理委员会发布的《关于修改上市公司现金分红若干规定的决定》中将"最近三年以现金方式累计分配的利润不少于最近三年实现的年均可分配利润的百分之三十"这一条件作为企业再融资的必要条件，虽然在一定程度上遏制了不少企业不分配的现象，但没有考虑企业所处的生命周期。对于一家高速成长的企业，对资金的需求本来就大，如果将现金分红作为企业再融资的必要条件，则有可能导致企业为筹措资金分配现金股利而高额举债，然后再以再融资的资金还债的情况出现，这将极大地损害企业的价值。因此，外部监管部门在制定股利监管政策时应考虑企业所处的生命周期阶段。

2013年中国证监会发布的《上市公司监管指引第3号——上市公司现金分红》（以下简称《指引》）中表明中国证监会已对上市公司制定股利政策时要充分考虑公司的生命周期特征做出明确要求。但是实际上许多上市公司并没有真正意识到这一点，更没有将生命周期置于实现公司目标、提升公司价值的战略地位。一方面是上市公司自身重视程度不够，轻视生命周期理论研究；另一方面中国证监会在制定文件时并没有考虑到上市公司的执行力。任何一项政策，如果不执行那也是空中楼阁，这将使政策的权威性大打折扣，致使监管机构的初心走样，大幅度减弱政策的作用发挥。

基于上述现实，本书建议中国证监会在《指引》的基础上，制定更具现实意义和更具操作性的《基于企业生命周期的现金股利操作指引》，并将其细化。具体操作为：一方面，要从宏观角度对上市公司的生命周期进行划分，并建立一套指导上市公司在生命周期每一阶段的现金股利分配标准；另一方面，要在执行层面上加强监管，要强制性要求上市公司及时准确的向利益相关方披露公

司所处的生命周期阶段及相对应的现金股利分配方式方法。只有这样，上市公司的现金股利分配才能日趋合理，才能发挥政策性文件的指导监督作用，也才能真正地提升公司价值，实现公司的发展目标。

（二）明确企业自身所处的生命周期，确定相应的现金股利政策

孙子兵法告诉我们，知己知彼方能百战不殆。做企业也是一样。20世纪90年代，中国出现了证券市场。到目前为止，仅经历短短二十几年的时间，股份制公司的发展在中国尚处于幼年时期，公司的管理层在制定现金股利政策时往往不合理，出现种种不规范的现象。其主要原因之一就是对企业自身所处的生命周期阶段没有很好的把握，以至不知道在相应的生命阶段究竟是否应支付现金股利、股利支付率应以多少为宜，如何利用股利政策来提高企业价值。对此，上市公司应规范自身行为，以基于企业生命周期的理论为指导，树立理性的现金股利分配政策，保持其阶段的连续性和稳定性。同时应关注企业的发展轨迹，准确无误地把握企业自身所处的生命周期，尽量将现金股利分配政策与企业生命周期的各个阶段联系起来，既在较长的时间内保持股利分配的稳定性而避免短期行为，又能够随着企业所处的不同生命周期阶段而相应地调整股利分配政策。具体来说可以施行以下措施：第一，上市公司需要通过数据分析，明确企业目前所处的生命周期，通过对企业内部和外部资源进行整合、组织讨论分析，为公司制定合理恰当的股利政策奠定理论基础。第二，公司已经明确了生命周期阶段，此时就要根据股利生命周期理论制定股利政策，为实现企业价值最大化这一目标提供政策保障。公司在制定股利政策时需要根据企业实际情况进行修改完善，从而使股利政策发挥积极作用，促进企业价值的提升。

（三）基于可持续增长的角度考虑是否支付现金股利

公司可持续增长能力的形成与保持是公司盈利能力、营运能力、资本结构以及股利政策之间的平衡与安排，特别是销售净利率与股利政策的安排是形成、保持或提高财务可持续增长能力的关键。因此，通过公司盈利能力、营运能力、资本结构的调整保证公司价值是第一位的，不同股利政策与财务可持续增长能力的保持是第二位的。基于可持续增长的现金股利支付更有利于企业价值。另外，当企业面临内部财务资源不足时，除了提高和保持盈利能力，利用合理的

分红政策等提高可持续增长能力外，借助于外部资本市场，不断通过资本市场筹集股权资本和债权资本，以支撑企业迅速发展的资金需求，也是保持平衡增长的必要手段。

具体来说可以做到以下几点：第一，加强管理者对可持续增长思想的认知。可持续增长的思想，是在保持国有企业的销售目标和财务资源平衡性的前提下，国有企业的销售收入持续有效的增长，最终实现企业价值的最大化。管理者应当利用可持续增长模型对企业的可持续增长水平进行考量，使企业的增长控制在可持续增长率的近似值，增长过快或者过慢都不利于企业的发展。第二，相关政策的完善。中国证监会公布实施的《上市公司证券发行管理办法》中，上市公司增发或配股，需满足"最近三年以现金方式累计分配的利润不少于最近三年实现的年均可分配利润的百分之三十"的规定对上市公司股利政策的选择起到了一定的影响。不少国有上市企业为了达到再融资的条件，忽视可持续增长的思想进行股利分配，存在潜在的圈钱动机，这不利于企业的发展，也损害了投资者的利益。因此，中国证监会应完善相关政策，使得政策导向真正地指引企业实现可持续的增长。第三，加强国有企业对融资用途信息的披露。本书的研究结论表明，国有企业现金股利政策与企业可持续增长率之间存在内在联系。理论上，企业可以通过良好的股利政策来改善不平衡增长，促进其可持续增长。然而，实际中，许多企业存在外源性融资偏好和潜在的圈钱动机，使得滥用资金、盲目投资等行为成为可能。因此，加强国有企业对融资用途信息的披露意义重大。第四，国有企业在进行股利政策的选择时应遵循可持续增长的思想。国有企业选择分配现金股利可以增强投资者的信心，也可以获得再融资的资格，但这并不意味着企业在未来具有持续稳定的增长。国有企业在进行股利政策的选择时不应只考虑当前的财务状况和融资需求，还应考虑到企业面临的投资机会和未来的发展需求，为未来的发展保留足够的自由现金流量，才能实现可持续增长。

（四）提高投资者素质，努力培育机构投资者

企业价值的提高，不仅需要企业内部决策者的努力，也需要外部投资的配合。对所处生命周期阶段做出了相适应的现金股利政策的企业，则予以较高的股价。反之，则予以较低的股价。我国投资者不太成熟，存在盲目跟进的投机

行为，很少关注企业的股利政策，缺乏相应的决策分析和投资分析。对此，首先，应努力提高投资者素质，使其树立正确的投资意识，认识到投资是基于对公司财务状况、经营业绩的正确分析，而不是一种投机炒作，从而去获取资本利得。其次，应大力培育机构投资者。机构投资者往往具有更长远的投资目标，对现金股利有一定的需求，对其十分关注，能够更好地理解企业管理者所做出的种种股利决策。除此之外，机构投资者还关心企业的经营状况，倾向于理性投资。只有这样上市公司才会逐渐采用能使股东获得真实投资回报的现金股利政策，进而提升其企业价值。

我国的机构投资者在近些年得到了快速发展，这与近两年来我国政府相关部门努力培育机构投资者的工作密不可分，机构投资者已经成为中国证券市场一股举足轻重的力量。现实情况是，包括证券投资基金、保险资金等国内的机构投资者都是惰性的更大的市场投机者，他们更多的是关心企业的短期利益。要真正发挥财务投资者和产业投资者甚至私募产权基金等积极机构投资者角色所能产生的企业增值行为尚需时日。因而应加强公司治理，增加机构投资者的董事会席位，并在公司股份首发和增发中考虑引进更能对公司价值提升起到促进作用的机构投资者，发挥他们对经理层的监督功效，并可创新制度和激励机制鼓励他们为企业带来增值服务。

（五）加强和提高公司外部融资能力

在基于财务可持续增长国有企业分红机制研究中，有一个假设条件，就是企业能够且愿意以该增长率作为企业增长的目标。但是实际情况是，国有企业的实际增长率与可持续增长率不相等，并且大多数国有企业的实际增长率超过了可持续增长率。曹玉珊和张天西（2006）研究发现，我国企业实际上一直在维持"无效的高增长"状态。而维持这种"无效高增长"的资金源泉主要是新股发行和外部贷款。笔者认为，客观地分析，"一蹴而就"的对我国企业增长现状进行改变未必是现实的，也许这种状况还需要一段时间的维持才能步入只依靠内源融资的良性轨道。因此，在此进程中，当企业面临内部财务资源不足的增长问题时，除了提高和保持盈利能力，利用合理的分红政策等提高可持续增长能力外，借助于外部资本市场不断通过资本市场筹集股权资本和债权资本，以支撑企业迅速发展的资金需求，也是保持平衡增长的必要手段。

第三节　研究创新

（一）基于不同外部环境，从可持续增长角度探讨国有企业的分红与业绩之间的关系，视角较新

国外文献研究国有企业分红的几乎没有，国内学者要么仅研究企业的可持续增长而未结合国有企业分红；要么从其他角度讨论国有企业分红，未考虑国有企业的可持续增长问题。本书以可持续增长理论为基础，探讨国有企业分红与其业绩之间的关系，建立起一个以可持续增长为基础，以国有企业分红机制为实现手段，以提升国有企业业绩为目标的国有企业分红机制，为相关部门制定国有企业分红比例提供经验证据。另外，本书从终极人控制以及政治关系的新视角提出国有企业分红制度创新。从终极控制人视角出发，结合可持续增长财务战略来研究国有企业分红问题，为国有控股上市公司红利分配提供了一定的解释，为我国的国有企业分红政策制定提供一些新的证据。本书指出，当市场化进程高、法治水平高时，可以切断政治关系对现金股利影响路径。这就要求国家要加速市场化进程的建设，降低信息不对称的程度。另外，国家还要加大立法的力度和执法的强度，使所有企业公平、合理地取得社会资源。减少政治"寻租"行为。国有企业的分红制度在变革和改善的过程中仍然存在着复杂的问题，本质上是一次公共利益与既得利益的博弈。国有企业分红的后果最终应该是成为公共财政，实现国有企业分红的公平与正义。这不仅是国有企业价值的最大体现，也能让国民从我国国有企业改革的过程中，得到实在的利益，解决我国行业收入差距，缩小贫富差距等问题。

（二）从生命周期的角度进行了国有企业分红支付方式的优化分析

可持续增长理论认为从长期来看，企业的发展受到可持续增长率的制约，盲目的扩张、超额的增长并不能永久地提升企业的价值。因此，如何保持在可

持续增长率的前提下选取合适的股利政策来提升企业价值是管理层需要考虑的因素。生命周期理论提出企业在不同的生命周期有不同的资金需求和财务策略。企业应选择相适应的股利政策。生命周期的不同阶段，股利政策对企业价值的影响不一样。在成熟期，企业更倾向于支付现金股利，国有企业的支付百分比大于非国有企业。在成熟期，是否支付股利与企业价值正相关，且基于可持续增长的股利支付更有利于提升企业价值。在初创期和成长期，股利支付率与企业价值负相关，在成熟期股利支付率与企业价值正相关，可持续增长率的方向与股利支付率一致。

（三）从制度环境的角度探讨了国有企业分红的影响因素，拓展了国有企业分红的研究视角

制度的安排和经济环境的变化对股利政策有着重要影响（王敏，2011）。首先从我国经济体制总体来看我国市场制度的先天性缺陷导致公司的制衡、激励和监督机制的不完善，导致公司股利支付率低甚至长期不支付股利。其次从经济环境来看，我国国民经济周期性波动对上司公司制定股利分配政策有着较大影响，我国贷款利率的多次调整影响着企业的投资报酬率和资本成本，从而影响着股利分配活动。我国财政支出方向使得不同地区和不同行业的公司业绩受到影响，产生股利政策差异。在资本市场方面，我国上市公司长期存在股权融资偏好现象，在不具备发行新股时，公司转向不发放现金股利或支付较低的股利以保留现金；在法律环境方面，《中华人民共和国公司法》《中华人民共和国证券法》《中华人民共和国企业所得税法》等法律不断变更完善，涉及公司、股东和其他利益相关者的利益，使得公司股利政策为了适应这些法律的变化而呈现不稳定的特征。本书主要从法律制度环境的角度进行研究，发现上市公司所在地区的法治水平、一个地区的金融发展程度等制度环境是国有企业分红重要的影响因素之一。代理成本理论在近几年研究的新进展中，最重要的突破就是从法律角度来研究股利分配的代理问题。其中最有代表性的研究是哈佛大学的三位学者拉斐尔·拉波特、弗洛伦西奥 – 洛佩兹·德 – 赛兰斯（Rafael Laporta、Florenciolopez-de – Silanes and Andrei Shleifer）及芝加哥大学的学者罗伯特（Robert W. Vishy）分别在 1999 年 1 月和 2001 年 5 月发表的研究成果。他们指出：代理问题是影响全球的股利政策的最重要因素之一。而解决代理问题的有效对策

之一是通过法律的手段。包括立法状况与执法质量在内的整个法律环境,对公司的股利政策具有至关重要的影响。带有强制性的法律措施,既保护了外部股东的利益,同时也界定了企业的最低股利支付水平。

第四节 研究不足

本书尚存在一些不足。首先,由于公开资料的有限性,本书没有对新股发行的使用进行全面细致的分析。如新股资金的对内投资、对外投资、其他行业投资、技术改造的具体情况对国有企业分红的影响。同时,由于企业信息披露的不规范,资料收集中可能存在一定主观判断的因素。在一些子样本的实证研究过程中,样本的代表性不够,或者样本分类尚未细化,导致结果可能存在一定的误差。其次,个别指标的计算需要进一步优化,并且囿于收集数据的困难性以及有些变量的不可计量性,一些变量的选取并非最优,数据的计算只是一种近似值法。以上这些不足可能在一定程度上影响研究结论。

第五节 未来展望

笔者认为,股利政策是以公司可持续发展为目标,以股价稳定为核心,在平衡企业内外部相关集团利益的基础上,对净利润在提取了各种公积金后,如何在给股东发放股利或者留在公司再投资这两者之间进行分配而采取的基本态度和方针政策。从本质上讲,股利政策是公司在留存盈利、支付现金股利或发放新股票以及对外举债之间的一个权衡。股利政策既决定了公司股东所获得的收益,又决定了公司的筹资成本并影响到公司的价值。因此,股利政策作为公司三大财务决策之一,是上市公司非常重要的一项财务决策,受到了利益相关者关注。

根据有关文献以及一些国家国有企业分红的实践，可以明确的是，国有企业向政府股东分派红利是通常的做法。就我国的国有企业分红政策而言，不难预见，通过国有企业分红，国家可以掌握更多的资源以推动整个国民经济的可持续发展。尤为重要的是应当认识到，国有企业分红的充分展开，绝非一个简单的税后利润的再分配问题，而是从根本上对国有企业在整个国民经济中财务职责的赋予，是从投、融资等诸多方面对国有企业运作机能的再造，是国有企业改革的进一步深化。这项改革也将在一定程度上改变我国国有企业的运行机制，优化国有企业的财务状况，提升其国际竞争力。

在国有企业分红政策的设计中，充分考虑国有企业可持续发展实力的增强是所有考虑因素中最为重要的因素，这一点必须得到保证。股利政策与企业的可持续发展目标是相互影响、相互制约的。对于上市公司而言，不存在一劳永逸的最优股利政策，企业需要根据实际经营情况适时选择最合适的股利政策。最合适的股利政策并非意味着股利支付率越高越好，而是需要企业在股利政策与资本预算政策、投资政策等企业运营政策之间；股东的眼前利益与公司的长远发展之间，寻找最佳平衡点。目前，我国国有企业股利政策缺乏连续性和稳定性，企业注重短期经营业绩和现金状况，缺乏长远规划，股利政策与企业可持续发展的目标存在着背离的现象。在企业稳定的可持续增长率要求下，企业的股利政策就必须要保证科学性、连续性和稳定性，这就要求管理层在可持续增长率的要求下妥善解决好短期利益与长期利益、企业利益与投资者利益以及分配与积累的问题。股利政策的稳定性和连续性，反过来也会推动企业可持续增长。而这一切，应该建立在完善的外部环境和科学的分红制度基础上。企业环境是不断变化的，这就意味着没有永恒的分红制度，随环境的改变，企业的分红制度不断创新将是一个永恒的话题。

参考文献

[1] 白旻. 地区市场化进程差异、终极控制人两权偏离对现金股利政策的影响 [J]. 财会月刊，2012（8）：12-14.

[2] 陈运森，朱松. 政治关系，制度环境与上市公司资本投资 [J]. 财政研究，2009（12）.

[3] 陈信元，陈冬华，时旭. 公司治理与现金股利：基于佛山照明的案例研究 [J]. 管理世界，2003（8）：118-154.

[4] 陈旭东，黄登仕. 企业生命周期、应计特征与会计稳健性 [J]. 中国会计与财务研究，2008（10）：1-69.

[5] 陈燕，罗宏. 我国上市公司现金股利政策的理论解释 [J]. 财会月刊，2008（2）：87-89.

[6] 陈少晖，朱珍. 国有经济改革与国有企业利润分配制度的历史嬗变 [J]. 经济研究参考，2011（63）.

[7] 陈少晖. 国有企业利润上缴：国外运行模式与中国的制度重构 [J]. 中共南京市委党校学报，2010（2）.

[8] 崔学刚，王立彦，许红. 企业增长与财务危机关系研究 [J]. 会计研究，2007（12）：55-62.

[9] 佟岩，陈莎莎. 生命周期视角下的股权制衡与企业价值 [J]. 南开管理评论，2010（13）：108-115.

[10] 杜兴强，郭剑花，雷宇. 政治联系方式与民营上市公司业绩：政府干预抑或关系 [J]. 金融研究，2009（11）：158-173.

[11] 樊行健，郭晓燚. 企业可持续增长模型的重构研究及启示 [J]. 会计研究，2007（5）：41-45.

[12] 范明，汤学俊. 企业可持续成长的自组织研究——一个一般框架及其对中国企业可持续成长的应用分析 [J]. 管理世界，2004（10）：107-113.

[13] 郭泽光, 郭冰. 企业增长财务问题探讨. 会计研究, 2002 (7): 11-15.

[14] 郭苏文, 黄汉民. 我国对外贸易差异化发展的制度质量解释——基于省际面板的分析. 中南财经政法大学学报, 2011 (1).

[15] 胡旭阳. 民营企业家的政治身份与民营企业的融资便利: 以浙江省民营百强企业为例 [J]. 管理世界, 2006 (5): 107-113.

[16] 胡旭阳, 史晋川. 民营企业的政治资源与民营企业多元化投资: 以中国民营企业 500 强为例 [J]. 中国工业经济, 2008 (4): 5-14.

[17] 黄永娴. 股利政策、可持续增长与企业价值——基于佛山照明股份有限公司实例分析 [J]. 中外企业家, 2012 (3): 65-67.

[18] 何玉润, 王茂林. 管理层权力影响上市公司现金股利的分配吗?——基于我国国有上市公司与民营企业上市公司的对比检验 [C]. 中国会计学会财务成本分会第 25 届理论研讨会, 2012.

[19] 焦健, 刘银国, 张琛, 等. 国企分红、过度投资与企业绩效——基于沪深两市国有控股上市公司的面板数据分析 [J]. 经济与管理研究, 2014 (4): 104-112.

[20] 李礼, 王曼舒, 齐寅峰. 股利政策由谁决定及其选择动因——基于我国非上市国有企业的问卷调查分析 [J]. 金融研究, 2006 (1): 74-85.

[21] 雷光勇, 刘慧龙. 市场化进程、最终控制人性质与现金股利行为 [J]. 管理世界, 2007 (7).

[22] 雷光勇, 王文忠, 刘茉. 政治不确定性、股利政策调整与市场效应 [J]. 会计研究, 2015 (4): 35-41.

[23] 刘芳佳, 孙霈, 刘乃全. 终极产权论、股权结构及公司绩效 [J]. 经济研究, 2003 (3).

[24] 李常青, 魏志华, 吴世农. 半强制分红政策的市场反应研究 [J]. 经济研究, 2010 (3).

[25] 罗宏, 黄文华. 国企分红、在职消费与公司业绩 [J]. 管理世界, 2008 (9): 139-148.

[26] 罗党论, 甄丽明. 民营控制, 政治关系与企业融资约束 [J]. 金融研究, 2008 (12).

[27] 吕长江, 王克敏. 上市公司股利政策的实证分析 [J]. 经济研究,

1999（12）：31 – 39.

[28] 吕长江，王克敏. 上市公司资本结构、股利政策与管理股权比例相互作用机制研究 [J]. 会计研究，2002（3）：39 – 48.

[29] 卢雁影，赵双，王芳. 企业现金分红与可持续增长率——基于企业生命周期视角的实证研究 [J]. 财会通讯，2014（30）：42 – 45.

[30] 罗琦，伍敬侗. 控股股东代理与股利生命周期特征 [J]. 经济管理，2016（9）：169 – 181.

[31] 罗小芳，卢现祥. 环境治理中的三大制度经济学学派：理论与实践 [J]. 国外社会科学，2011（6）.

[32] 马小援. 论企业环境与企业可持续发展 [J]. 管理世界，2010（4）：1 – 4.

[33] 潘向东，廖进中，赖明勇. 经济制度安排、国际贸易与经济增长影响机理的经验研究 [J]. 经济研究，2005（11）.

[34] 强国令. 板块倒置、声誉机制与股利政策 [J]. 投资研究，2016（1）.

[35] 施平. 面向可持续发展的财务学：困境与出路 [J]. 会计研究，2010（11）：24 – 96.

[36] 谭啸. 国有资本经营预算改革面临的形势、任务与难点 [J]. 中国财政，2015（4）：68 – 70.

[37] 田宝新，王建琼. 上市公司再融资与股利政策的市场反应实证研究 [J]. 中国软科学，2016（7）：117 – 124.

[38] 王国俊，王跃堂，韩雪，钱晓东. 差异化现金分红监管政策有效吗——基于公司治理的视角 [J]. 会计研究，2017（7）.

[39] 王化成，李春玲，卢闯. 控股股东对上市公司现金股利政策影响的实证研究 [J]. 管理世界，2007（1）.

[40] 王毅辉，李常青. 终极产权、控制权结构和股利政策 [J]. 财贸研究，2010（2）：120 – 129.

[41] 王庆文，吴世农. 政治关系对公司业绩的影响：基于中国上市公司政治影响力指数的研究 [C]. 中国第七届实证会计国际研讨会论文，2008.

[42] 王敏，李瑕. 金字塔结构特征对上市公司现金股利政策的影响 [J]. 南京审计学院学报，2012（3）：18 – 26.

［43］汪平，李光贵，袁晨．国外国有企业分红政策：实践总结与述评［J］．经济与管理研究，2008（6）．

［44］汪平，李光贵．资本成本、可持续增长与国有企业分红比例估算——模型构建及检验［J］．会计研究，2009（9）．

［45］汪平．基于价值管理的国有企业分红制度［M］．北京：经济管理出版社，2011．

［46］魏明海，柳建华．国企分红、治理因素与过度投资［J］．管理世界，2007（4）．

［47］魏志华，李长青，吴育辉，黄佳佳．半强制分红政策、再融资动机与经典股利理论［J］．会计研究，2017（7）．

［48］吴文锋，吴冲锋，刘晓薇．中国民营上市公司高管的政府背景与公司价值［J］．经济研究，2008（7）．

［49］吴春贤，杨兴全．金融发展、产权性质与现金股利政策［J］．中央财经大学学报，2018，374（10）：58－72．

［50］吴文峰，吴冲锋，芮萌．中国上市公司高管的政府背景与税收优惠［J］．管理世界，2009（3）：134－142．

［51］夏载铭，张亮子．我国上市公司股利政策与可持续发展目标的关系探讨［J］．商业时代，2011（3）：65－66．

［52］徐寿福，邓鸣茂，陈晶萍，等．融资约束、现金股利与投资——现金流敏感性［J］．山西财经大学学报，2016，38（2）．

［53］油晓峰，王志芳．财务可持续增长模型及其应用［J］．会计研究，2003（6）：48－50．

［54］原红旗．中国上市公司股利政策分析［J］．财经研究，2001（3）：33－41．

［55］原红旗．中国上市公司股利政策分析［M］．北京：中国财政经济出版社，2004．

［56］袁天荣，苏红亮．上市公司超能力派现的实证研究［J］．会计研究，2004（10）：63－70．

［57］杨汉明．国企分红、可持续增长与公司业绩［J］．财贸经济，2009（6）．

［58］杨兴全，尹兴强．国企混改如何影响公司现金持有？［J］．管理世界，

2018，34（11）：99－113.

［59］余明桂，潘红波. 政治关系，制度环境与民营企业银行贷款［J］. 管理世界，2008（8）.

［60］张涛，曲宁. 基于股东报酬率的国有企业分红问题研究［J］. 山东财政学院学报，2009（3）.

［61］张小丽. 基于可持续增长模型的上市公司虚假财务诊断［J］. 会计研究，2005（6）：18－19.

［62］张俊瑞，刘慧，李彬. 公司未决诉讼，地方法律环境与现金股利政策［C］. 中国会计学会2016年学术年会，2016.

［63］张永欣. 基于企业可持续增长的股利政策研究［J］. 财会通讯，2016（11）：65－66.

［64］Agosto A.，Mainini A.，Moretto E. Covariance of Random Stock Prices in the Stochastic Dividend Discount Model［J］. Journal of Economics & Finance，2016（4）.

［65］Al－Najjar B.，Kilincarslan E. The Effect of Ownership Structure on Dividend Policy：Evidence from Turkey［J］. Corporate Governance International Journal of Business in Society，2016，16（1）.

［66］Ball，R. and L. Shivakumar. Earnings Quality at Initial Public Offerings［J］. Journal of Accounting & Economics，2008（45）：324－349.

［67］Berkman H.，Koch P. D. DRIPs and the Dividend Pay Date Effect［J］. Journal of Financial & Quantitative Analysis，2017，52（4）：1－31.

［68］Chen J.，Leung W. S.，Goergen M. The Impact of Board Gender Composition on Dividend Payouts［J］. Journal of Corporate Finance，2017，43：86－105.

［69］Dickinson，Victoria. Cash Flow Patterns as a Proxy for Firm Life Cycle［J］. The Accounting Review，2011，86（6）：1969－1994.

［70］Esqueda O. A. Signaling，corporate governance，and the equilibrium dividend policy［J］. Quarterly Review of Economics & Finance，2016，59：186－199.

［71］Fan J. P. H.，Wong T. J. Politically－Connected CEOs，Corporate Governance and Post－IPO Performance of China's Partially Privatized Firms［J］. Social Science Electronic Publishing.

［72］ Glegg C. , Harris O. , Ngo T. Corporate Social Responsibility and the Wealth Gains from Dividend Increases ［J］. Review of Financial Economics, 2018, 36 (2): 149 – 166.

［73］ Hafsi T. , Koenig C. The State-soe ［1］ Relationship: Some Patterns ［J］. Journal of Management Studies, 1988, 25 (3): 235 – 249.

［74］ Kim J. , Lee K. H. , Lie E. Dividend Stickiness, Debt Covenants, and Earnings Management ［J］. Contemporary Accounting Research, 2017, 34 (4): 2022 – 2050.

［75］ La Porta, R. , Lopez-de – Silanes, F. , Shleifer, A. and Vishny, R. Agency Problems and Dividend Policies around the World ［J］. Journal of Finance, 2000 (55): 1 – 33.

［76］ Li H. , Meng L. , Wang Q. , et al. Political connections, financing and firm performance: Evidence from Chinese private firms ［J］. Journal of Development Economics, 2008, 87 (2): 0 – 299.

［77］ Mehdi M. , Sahut J. M. , Teulon F. Do corporate governance and ownership structure impact dividend policy in emerging market during financial crisis? ［J］. Journal of Applied Accounting Research, 2017, 18 (4): 274 – 297.

［78］ Michael S. Rozeff. Reflections on Insider Trading ［J］. Financial Analysts Journal, 1989, 45 (6): 12 – 15.

［79］ Miller M. , Modigliani F. Dividend Policy, Growth and Valuation of Shares ［J］. Journal of Business, 1961, 34: 411 – 433.

［80］ Prannab Bardhan. Symposium on the State and Economic Development ［J］. Journal of Economic Perspectives, 1990, 2 (4): 3 – 7.

［81］ Pura L. R. Indonesia: Testing Time for the "New Order" ［J］. Foreign Affairs, 1978, 57 (1): 186 – 202.

［82］ Robert C. Higgins. How much growth can a firm afford? ［J］. Financial Management, 1977, Vol. 6 (Fall): 7 – 16.

［83］ Robert C. Higgins. Analysis for financial management ［M］. 北京: 中信出版社 (中译本), 2002: 115 – 139.

［84］ Ross S. A. The Determinants of Financial Structure: The Incentive-signaling Approach ［J］. Bell Journal of Economics, 1977, 8: 23 – 40.

［85］ Rozeff M. S. Growth, Beta and Agency Costs as Determinants of Dividend Payout Ratios ［J］. Journal of Financial Research, 1982, (fall): 249 – 259.

［86］ Van Horne C. James. Sustainable growth modeling ［J］. Journal of corporate Finance, 1988, (Winter): 19 – 25.

［87］ Vernon R. Linking Managers with Ministers: Dilemmas of the State – Owned Enterprise ［J］. Journal of Policy Analysis and Management, 1984, 4 (1): 39 – 55.

［88］ Wen He, Lilian Ng, Nataliya Zaiats , Bohui Zhang. Dividend policy and earnings management across countries ［J］. Journal of Corporate Finance, 2017, 42: 267 – 286.

［89］ Wen Hea, Chao Kevin Li. The effects of a comply-or-explain dividend regu-lation in China ［J］. Journal of Corporate Finanace, 2018, 52: 53 – 72.

［90］ Yergin S. D. After the Second Shock: Pragmatic Energy Strategies ［J］. Foreign Affairs, 1979, 57 (4): 836 – 871.